新版 教える技術

行動科学を使ってできる人が育つ！

Teaching Method
Every person grows up.

行動科学マネジメント研究所所長
石田淳
jun ishida

かんき出版

本書は２０１１年６月に小社より刊行された
『教える技術』に加筆・修正を施したものです。

はじめに

◎実は私もダメな上司だった

本書の旧版を刊行したのは10年以上前になります。しかし、今も上司の方々の悩みはほとんど変わらないのが実情です。

今からお伝えする内容は、数多くのリーダー層の方々から「知りたい」「読みたい」という声をいただき、書くことを決意したものです。

私は講演やセミナー、企業研修などでリーダーや管理職、中堅社員の方にお会いするたびに、「思うように育ってくれない」「いつまでも仕事を覚えない」……とたくさんの方が部下の指導・育成について、切実に悩んでいらっしゃるのを目の当たりにしています。

特に若手のリーダー層から聞こえてくるのは、「何度言っても、自分が伝えたい内容が部下に伝わらないので、ついつい感情的になってしまう」「部下のことで、しょっちゅうイライラしている」といった悩み。ベテランのリーダー層の場合は、部下との年齢のギャップに悩んでいる人が多いようです。

そして、年代にかかわらず多くの人たちが、仕事ができない原因は部下自身にあると考えているようで、「彼らが真剣に仕事をしていないからだ」「近頃の新人はやる気が足りない」といった話をされます。

その一方で、「部下が育たないのは、自分が悪いのではないか？」と悩み続け、精神的に疲弊している上司の方も、ときおり見受けられます。

では、人が育たないのは教え手の「上司」と、学び手である「部下」、どちらの責任だと思いますか？　この本で私がご紹介している「行動科学マネジメント」の視点で言うと、実はどちらの責任でもありません。

教え手が「教え方」を知らない、習っていない。原因はこの一点につきます。

現在、本書の旧版が出版された当時よりも、「部下にどう教えるか？」ということは多くの企業において研修などがされていると思いますが、それでもまだ、その部下を受け持つ上司個人の能力や力量にすべてかかっているのが実情でしょう。

もし上司が「教え方」を知らないのであれば、当然ながら部下は望み通り育ってはくれません。

かく言う私も、かつては「部下に仕事を教える」「人材を育てる」なんてことは、考えてもいませんでした。

サラリーマン時代、はじめて部下を持ったときは、本当に何をしたらいいのか皆目わからず、簡単なOJTを2、3日実施しただけで、「あとは自分でやりなさい。わからないことがあれば、聞いてくるように」と言って、新人教育を終わらせていたように記憶しています。

起業してからも、社員たちに言っていたのは、「目標はこれだから、とにかくやっておくように」ということだけで、仕事のやり方を丁寧に説明することも、細かい指示を出すこともしていませんでした。ましてや仕事の意図や意義をきちんと話すことなど皆無。

「できなかったらどうするんですか？」と聞かれれば、「できるまで、やるに決まってるじゃないか」と答える始末でした。

まさに〝ダメな上司〟の典型です。もし自分が部下なら、とっくに会社を辞めていたことでしょう。

そして、その通りのことが起こりました。ある年の夏、社員10名が一度に退職してしまったのです。

この出来事によって、ようやく自分のマネジメント方法に問題があると気づかされた私は、マネジメントに関するさまざまな文献を調べるなかで「行動分析学」に基づくアメリカ生まれのマネジメント・メソッドに出会ったのです。

現在では欧米の多くの企業や公的機関で採用されているこのマネジメント・メソッドを、我が国のビジネス習慣や日本人の価値感に合致するようにアレンジしたものが「行動科学マネジメント」です。

その最大の特色は、人間の「行動」に焦点を当てているということ。

ビジネスの成果や結果は、すべて社員一人ひとりの「行動の集積」によって成り立っています。ですから、結果や成果を変えたければ、「行動」を変える以外に方法はありません。

逆に言えば、行動を変えることで望み通りの結果・成果が得られるということです。

◎「育たない」原因はいろいろある

さて、ここで、「部下の育成」「教育」に関する悩みが広がっている背景について、少し解説しておきましょう。

ひとつめの原因は、日本では以前「仕事は細かく教えてもらうものではなく、盗んで覚えるものだ」という考え方がまん延していたこと。

そのため現在、上司として働いている人の一部が、上司や先輩からそう聞かされて育ってきたはずです。あなた自身もそうかもしれませんね。自分自身が〝上司や先輩から仕事の内容を細かく教えてもらう〟という経験をしていませんから、自分の部下に対しても同じような育成をするしかないのが実情です。

2つめは、人手不足が挙げられます。

日本経済が元気だった頃は、人口の増加によって消費も拡大していましたから、新しいモノをつくればどんどん売れていきました。

しかし、今はどうでしょうか？　不景気が続き、モノは売れず、かつて就職氷河期と言われた時代とは逆に、売り手市場となり、なかなか新入社員も中途社員も獲得できない状況です。そのため、本来ならマネジメント業だけの上司の方もプレイヤーとして働かなければならなくなっています。上司の方々は自分も成果を上げなければならず、できる部下を育成する時間がもてないというのが現状ではないでしょうか。

そして3つめは、社員たちの価値観の多様化。

生まれたときからモノがあふれている環境で育った人たちは、それ以前に育った我々が想像する以上に価値観が多様化しています。たとえば一昔前であれば〝たくさん給料が欲しいから、がんばって働こう！〟という考え方に全社員が共感し、一致団結することができましたが、現代の若者にとって〝たくさん給料が欲しい〟は、多様な価値観のうちのひとつでしかありません。そのため、上司や先輩にあたる人々と新人の間に「考え方」などの面でギャップが生じているのです。

また、いわゆるゆとり教育を受けた世代は、〝運動会の徒競走で順位をつけない〟といったことに象徴されるように、競争にさらされずに育っていますから、〝競争心をあおることで業績を伸ばす〟といったマネジメントも通用しません。

こうしたさまざまな要因により、これまでさほど重要視されなかった「教える」というスキルを、全リーダーが身につける必要性が生まれたわけです。

◎『教える技術』は誰でも身につけられる！

「行動科学マネジメント」のもうひとつの特徴は、「いつ・誰が・どこで」行っても、同じように成果が出るということです。つまり、教え手の素質を問わないということ。

このマネジメント手法のベースにある「行動分析学」は、膨大な実験結果から導き出された科学的なものなので、こうした「再現性」が約束されています。

「行動科学マネジメント」と他のマネジメント手法との大きな違いはここにあります。

この「行動科学マネジメント」を取り入れたことで、私の会社は驚くほどのスピードで業績を伸ばすことができましたし、私が研修やコンサルタントをさせていただいた企業でも、非常に高い効果を上げています。

本書のテーマである教育・指導・育成に関しても、「行動科学マネジメント」は有効にはたらきます。なぜなら、**「教える」ということは、学び手に結果を出すための望ましい行動を身につけさせたり、望ましい行動に変えたりすることだからです。**

「行動」を改善することで成果を上げる「行動科学マネジメント」のノウハウは、教育や指導や育成のあらゆる側面で活用できるのです。

たとえば、多くの人が苦手とする「ほめる」「叱る」という行為も、「行動」に焦点をあてるこのメソッドを使えば簡単に感じられるでしょう。

本書は、部下の「行動」に焦点を絞ることで、より確実に、効率よく仕事を教え、頼れる戦力へと育成するための方法をご紹介しています。

「すぐ感情的になってしまう」「イライラしがち」という人も、「行動」に焦点をあてることで、そうした悩みから必ずや解放されることでしょう。

また読者の方のなかには、人を育てることに楽しみを見いだせないでいる方もいるかと思いますが、**本書のメソッドを使えば、「人が成長していくのを見ることは楽しい」と感じていただけるのではないかと思っています。**

本書によってあなたの〝教え方〟に磨きがかかれば、今までより明らかに短い時間で成長させることが可能となります。

また、**どのページからでも読めるものになっているのも本書の特徴のひとつです。**

まずは、本書を開き興味を持ったページから読んでみてください。

そして、読み終わったあとも指導や育成に迷いが生じたら、何度でもこの本をめくってください。

人を育てることができる人こそが、本物のリーダーになれる人です。

さあ、そのためのレッスンを始めましょう！

行動科学マネジメント研究所所長　石田　淳

教える技術

Teaching Method
Every person grows up.

CONTENTS

目次

CHAPTER 2

上司がやるべきことは

CHAPTER 3

部下のためにできることは

CHAPTER 4

どう伝えるか

CHAPTER 5

どのくらい教えればいいか

CHAPTER 6

ほめることが大切

CHAPTER 7

「叱る」と「怒る」は違う

CHAPTER 8

継続させるために

CHAPTER 9

こんな場合はどうするか？

CHAPTER 10

大人数に教える場合

カバーデザイン・本文デザイン　井上新八
ＤＴＰ　石山沙蘭
図版　二ノ宮匡（ニクスインク）
協力　木村美幸　中西　謡

CHAPTER

1

「教える」前に心得ておいてほしいこと

教える技術

01

行動科学で「教える」技術とは

「はじめに」にも書いた通り、マネジメントに苦労していた私が、さまざまなマネジメント手法を勉強するなかで出会ったのが、アメリカで実践されていた行動分析学に基づくマネジメント・メソッドです。

明確な理論にひかれ、アメリカから帰国後すぐに自社で実践したところ、社員たちはみるみるうちに活気づき、その後5年で売上げが約5倍になるなど、期待をはるかに上回る効果を発揮したのです。

ただしこのメソッドはアメリカ人が体系化したものなので、日本人の感覚に合わない部分も存在しました。そこでメソッドの基本をふまえつつ、日本のビジネス習慣に合った要素を加えて構築したのが、私が提唱する「行動科学マネジメント」です。

「行動科学マネジメント」のもとになっている「行動分析学」とは、その名の通り人間の行動を科学的に研究する学問。その目的は、（ある人が）その行動をしているのはなぜか？　それを変化させるにはどうすればいいか？　を解明することにあります。

行動分析学の大きな特徴は、解明された数々の法則はすべて実験結果から導き出された科学的なもので、再現性があるということです。つまり「いつ・誰が・どこで」やっても同じ結果が得られるのです。

行動分析学と同じように、当然ながら「行動科学マネジメント」も、正しく実践すれば誰もが着実に結果を出すことができます。

この「行動科学マネジメント」を、部下の教育や指導に取り入れるための具体的な方法やヒントを集めたものが、本書「教える技術」です。

部下との関係を上手に築き、彼らの個性を引き出して、いきいきと活躍させる。**本書はそんなほんの一握りの優秀なリーダーだけが実践している「行動」を科学的に観察・分析し、**再現性のある形でまとめています。

部下や後輩の教育や育成で悩んでいる方たちの「教える技術」のレベルアップに必ず貢献できると確信しています。

教える技術

02

問題解決のカギは「心」ではなく「行動」にある

「いくら教えても、ちっとも営業成績が伸びない」

「きちんと教えたのに、その通りのことができていない」

いったいなぜなのでしょう？

答えは簡単です。**「教え方」が適切ではなかったのです。つまり、望ましい行動をうまく引き出すことができなかったということです。**

ところがこういった問題に直面したとき、世の上司・先輩の多くは、その原因が部下や後輩の「心」にあると考えがちです。

「甘やかされて育ったから」「仕事に対する情熱が欠如しているとしか思えない」「優柔不断な性格をなんとかしなければ」などなど……。

部下や後輩がこちらの思い通りの仕事ぶりを発揮できない原因は、彼らの性格や精神状態にあると考え、これを正さない限り改善は見込めないと思っています。

しかし、そう考えているあいだは、問題解決は極めて困難だと言わざるを得ません。そもそも心理学や精神医学などの専門知識を持たず、しかも毎日多くの業務を抱えているビジネスマンが、部下や後輩の「心」を正せると思いますか？

この本を通じて私が伝えたいのは、「行動」に目を向けることの重要性です。

対象となる人の「行動」を観察・分析し、

・それが望ましいものなら、その行動をさらに実行し続けるように仕向ける
・行動が間違っていれば、正しい行動に置き換えるための仕掛けを施す

このように行動に着目しそれを改善することは、決して難しくありません。行動科学マネジメントのベースである行動分析学では、「その人が今現在の行動をしているのはなぜか？　それを変化させるにはどうすればいいか？」をテーマに、１９３０年代初頭から膨大な数の実験と研究を行ってきました。

そこから得られた科学的なメソッドを活用すれば、誰でも確実に問題を解決・改善していくことが可能なのです。

教える技術

03

「教える」とは何か

「仕事を教える」「勉強を教える」「料理を教える」「ゴルフを教える」「道具の使い方を教える」「目的地までの道順を教える」……。

私たちは職場でもプライベートな生活のなかでも、毎日のように「教える」という言葉を使っています。また「人に何かを教える」「誰かから何かを教えてもらう」といったことも日常的に行っています。

では、あなたに質問です。

・ＯＪＴを通して、新人に営業マンの基本スキルを教える
・数学の授業で、球の体積と表面積の求め方を教える
・初めてのハンバーグづくりに失敗した夫に、正しいつくり方を教える

という、３タイプの「教える」に共通していることは何だと思いますか？

この質問に対する絶対的な正解はありませんが、私の解答はこうです。

――「教える」とは、相手から〝望ましい行動〟を引き出す行為である――

ＯＪＴを使った新人研修では、ビジネスマナーに則した名刺交換の手順や好感度の高い挨拶の仕方、相手の話を聞くときの相づちのうち方、顧客のニーズを聞き出すための話し方など、さまざまな「行動」が伝授されます。

数学の授業では体積や面積を求める公式を理解し、それを用いて計算するという「行動」を子どもたちに習得させるべく、教師たちが奮闘しています。

そしてキッチンでは、玉ねぎを焦がさないように炒める、材料を混ぜ合わせて粘りが出るまでこねる、形を崩さないようにハンバーグを裏返す……といった正しい「行動」ができているかどうか、ご主人の傍らで奥さんが目を光らせていることでしょう。

つまり「教える」とは、

・学び手に身につけてほしいのに、できていない行動〈たとえば、球の体積を求める公式を記憶し、必要に応じて使いこなすこと〉ができるようにする

あるいは、

・学び手の間違った行動〈たとえば、玉ねぎを強火で炒めること〈玉ねぎは焦げてしまう〉〉を、正しい行動〈弱火でじっくり炒めること〉へ変える

のように、「望ましい行動を身につけさせる／望ましい行動を実践させる／間違った行動を正しい行動へ変える」行為だと私は考えています。

なお、一般的に「行動」というと、体を動かして行う動作やふるまいのことを連想しがちですが、行動科学においては、理解する、覚える、考えるといったことも「行動」として分類しています。

ふだん、意味を深く追求することなく、当たり前のように使っている「教える」という言葉を、「行動」というキーワードを軸にして見つめ直すと、これまであなたを悩ませていた「教える」をめぐるさまざまな問題の解決に向けて、大きく一歩踏み出すことができるはずです。

「望ましい行動を引き出す」。

人に何かを教えるときは、常にこのフレーズを頭のどこかに置いておきましょう。

■教えるとは？

教える
＝
望ましい行動を引き出す
弱火でじっくりと
学び手に
「身につけてほしい行動」
「間違った行動」を
正しい行動に変えること

教える技術

04

子どもも大人も、認められたくて成長する

ビジネスマンの育成と子育てを比較することに違和感を覚える方がいらっしゃるかもしれませんが、行動科学の観点で見ると、両者には多くの共通点が存在します。

基本的に子どもというのは、親に認めてほしくて「新たな行動」を覚えます。2本の足で立ち上がって歩き出すのも、たくさんの言葉を覚えて上手に喋れるようになるのも、上達するたびに両親が大喜びしてほめてくれるから。

そして、これは大人にも当てはまります。**部下や後輩が仕事に一生懸命取り組む原動力は、上司や先輩から認められることにあるのです。**

入社前の面接では、「一緒にがんばろう!」と力強く言ってくれた上司。ところが実際に入社してみたら、仕事に対する指導もフォローもほとんどなく、「数字はどう

だ？」と、結果ばかり聞いてくる……。

もしもあなたが子どもで、両親が学校のテストの結果だけであなたを評価したら、どう感じるでしょう。「そんなひどい親はいない」「そんな親だけにはなりたくない」そう思いますよね？　私も同感です。

ところがこれを上司と部下の関係に置き換えると、部下に対して〝テストの結果だけで子どもを判断する親のような指導〟をしている上司が決して少なくないのです。

すぐれた成果を上げている優秀な社員であれば、その〝結果〟によって、常日頃から上司に認められ、評価されています。

一方、どんなに努力を重ねていたとしても〝結果〟を出していない社員は、上司や先輩からほめられたり、認められたりする機会がほとんどありません。

もしあなたが、**部下や後輩を成長させたいと心から望んでいるのなら、仕事の〝結果〟だけに注目するのではなく、部下や後輩の仕事ぶり（行動）を「認める」**ことの大切さを認識しなければなりません。

教える技術

05

最初から仕事の話をしてはいけない

新入社員や中途入社の社員、他部署からの異動メンバーなど、職場に新たに加わった人材と信頼関係を築くために、大切なことは何だと思いますか？

それは「いきなり仕事の話をしてはいけない」ということ。

仕事上でパートナーとなる人と関係を築く最初の段階で必要なのは、〝安心して仕事の話ができる土台づくり〟をしておくことです。つまり、心理的安全性を作ることです。

土台づくりの方法はいたって簡単。プライベートの話をすればいいのです。

たとえば趣味の話とか、休日の過ごし方とか、その程度のことでかまいません。自分との共通点が見つかればお互いの距離がぐっと縮まるでしょうし、たとえ共通点が見つからなくても、間違いなくその人に対する親近感がわきます。

「この人は信用できるのだろうか?」「うまくやっていけるかな?」といった不安を抱えた状態と、「頼りにしてもよさそうだ」「私に心を開いてくれているなぁ」という安心感・親近感がある状態。

どちらの状態のときに、教える、教えられる、という行為がスムーズに運ぶのかは、あらためて言うまでもないでしょう。

かつての日本企業では、仕事とプライベートの線引きがとても曖昧でした。

朝出社したら始業前にちょっとした世間話をし、昼になったら社員食堂で一緒に食事。残業をこなしたあとは毎晩のようにお酒を酌み交わし、週末になると部下が上司の家に遊びに行く。ときには家族ぐるみでどこかに出かけることも……。そんな交流が、決して珍しいものではなかったのです。

しかし近年では、年始の挨拶をするために部下が上司の家を訪ねるなんてことはもちろん、お中元やお歳暮のやりとりすらなくなってしまいました。

このように安心して仕事の話ができる土台づくりが、自然にできる環境ではなくなってしまった現在、**信頼関係の構築には意識的なはたらきかけが必要だということです**。

前述の通り、話す内容はごく普通のことでかまいません。

あなた：「昨日のサッカー見たか？」
部　下：「日本代表の試合ですよね？　見ましたよ。課長もサッカーお好きなんですか？」
あなた：「中学・高校はサッカー部だったんだよ」
部　下：「あ、そうなんですか！　ポジションはどこだったんですか？」
あなた：「ディフェンスだったんだ」
部　下：「えっ意外!?」

こんなふうに話が弾めば理想的です。もしも少々ぎこちない会話になっても、あなたが誠意と興味を持って部下に接していれば、必ず二人の距離が縮まります。

まずは仕事の話ではなく、プライベートな話題を。

この鉄則を、お忘れなく。

教える技術
06

離職率はコミュニケーション量に反比例している

会社員の離職率は、上司とのコミュニケーションの量に反比例することがわかっています。つまり、コミュニケーションが少ないほど部下の離職率が高く、コミュニケーションが多いほど離職率は低いということです。

また、以前コンサルティングを担当したある企業では、社員同士の対面時間、つまりコミュニケーションをとっている時間などを測定・記録できる小型コンピューターを社員全員に携帯させて、そのデータを分析しました。そして、同じような業務を同じように行っている営業部門同士を比較したところ、業績の上がっている組織は、そうでない組織に比べて、コミュニケーションの量が3倍以上多かったのです。

そういったこともあり、**部下と「いつ・何分くらい」会話したかを、手帳に記録することを私は企業のリーダーたちに対して提案しています。**

この記録をつけること、つまり〝計測〟が非常に重要だと、私は考えています。

十分に時間をとって、仕事に対する思いやその先にある目標などをじっくり聞く、という面談が1、2回できたら、あとは月に数回、5分や10分程度でいいので、必ず話す機会を設ける。そして、たとえば、小学生の子どもがいて、週末に運動会があるという話を耳にしたら、週明けに「運動会はどうだった?」と声をかけてください。

たったこれだけのことでも、部下や後輩は「私のことを気にかけてくれているんだ」と思い、上司や先輩に対する信頼感はより強固なものになります。

さらにこうした気配りは、当人にとってよい作用をおよぼすだけでなく、そのやりとりを見聞きしているほかのメンバーたちにも波及するはずです。みんなのなかに「この人は、ここまで部下のことを思っているんだ」という認識が、広まっていきます。

あなたのふるまいや言動を、周囲の人たちは想像以上によく見ています。

特にコミュニケーションが重要なのは、現場の人たちを受け持つ課長やマネージャー。社長と部長のコミュニケーションももちろん重要ですが、現場の人間同士のコミュニケーションは、それとは比べものにならないほど大切なものなのです。

■ 転職者比率

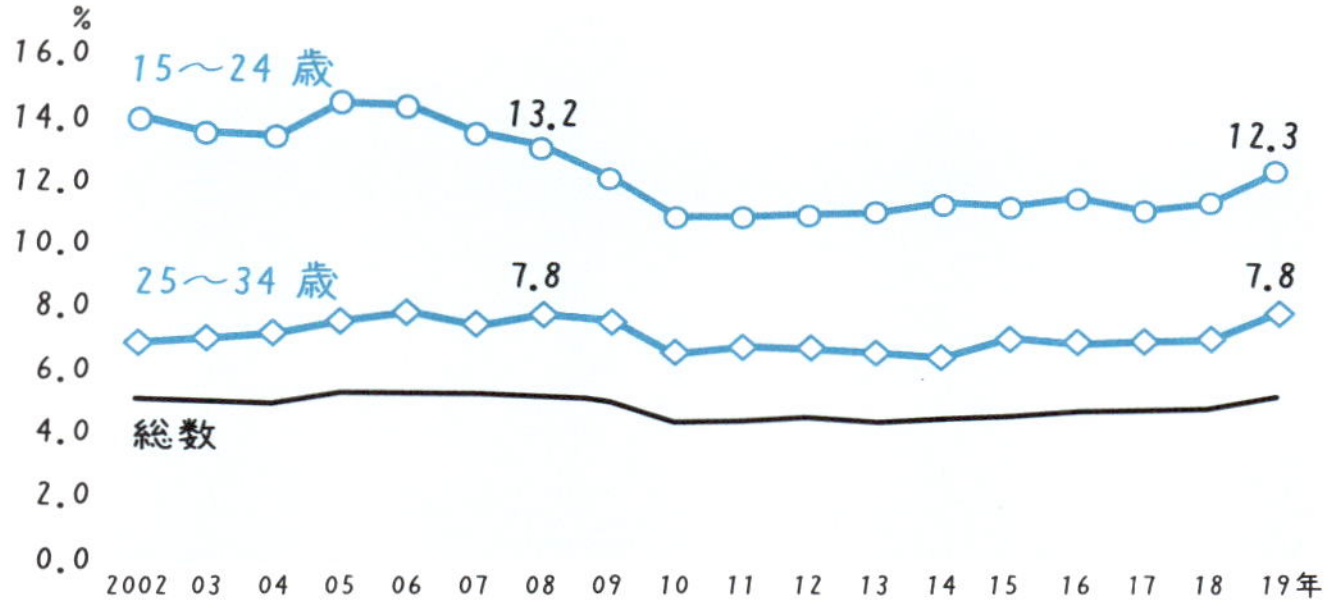

若者の離職率が以前として高い

※総務省統計局　転職者比率（令和２年２月21日）参考

■ 本当の退職理由

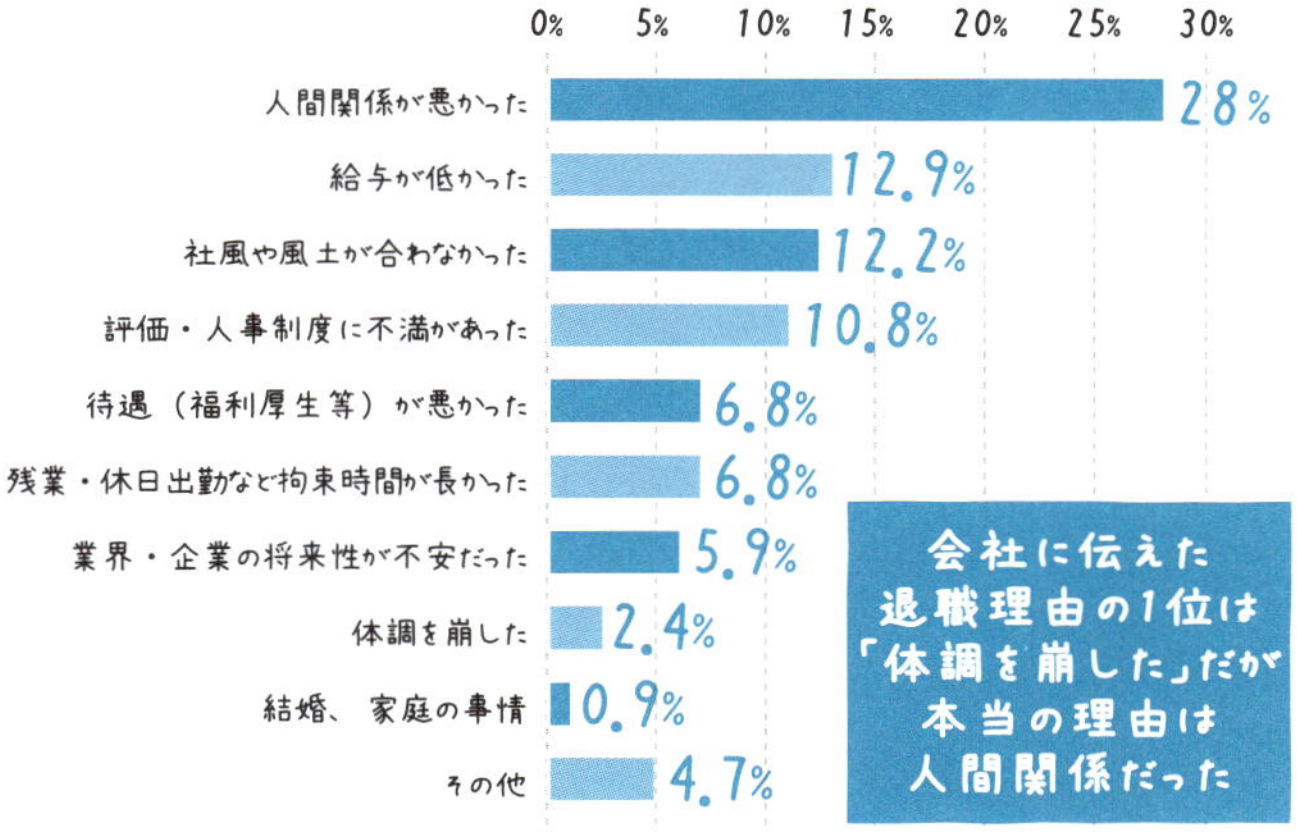

※エン・ジャパン　退職理由のホンネと建前［2022年版］参考

CHAPTER

2

上司がやるべきことは

教える技術

Teaching Method
Every person grows up.

教える技術

07

部下の仕事をする動機や目標を把握する

あなたの人生における目標は何でしょうか？　どんな理由で、今の仕事や会社を選びましたか？　仕事を通じて手に入れたいものは？

かつての日本では、企業の目標と社員の目標のベクトルは、極めて近しいものでした。すなわち、会社の「利益を上げて大きくするぞ」という企業のビジョンと、「たくさん稼ぐぞ」「出世したい」「家（車、クーラー）がほしい」といった個人の目標は、同じ方向性と熱さを持っていたのです。

しかし、今は状況がまったく異なります。将来独立するために今の仕事をしている人、家族との時間を何よりも大切にする人、お客様に喜んでもらうことが楽しくて仕方がない人……。**おそらく社員の数だけ、目標や価値観があるはずです。**

たとえば、20代前半の男性社員に「男なら、家族を養えるだけの力をつけろ！」なんて話をしてもピンとこないでしょうし、もしかしたら「そういう考え方をする会社なのか……」と失望する人だっているかもしれません。

2000年ごろまでであれば、会社が〝給料を上げてやるぞ〟と言えば、社員たちは喜んで仕事に励んだでしょう。

こういった関係性を、行動分析では「会社が給料を上げる」と提案することで、社員の行動を確立操作したと表現します。「確立操作」とは、行動を起こしやすくするためのはたらきかけのことです。

たとえばあなたの部下が、起業を考えていて、その1ステップとして今の仕事をしているなら、「人脈を広げることは、キミの将来にも役立つはずだ」とアドバイスすることが、現在の仕事に対する大きな動機づけになるかもしれません。また、本人に今の仕事を選んだ理由を思い起こさせることも、たいへん有効です。

このように部下の仕事（行動）に対する確立操作を行うには、仕事を通じてどんなふうに成長したいと考えているのかを把握しておく必要があります。ぜひ面談の機会を持ち、彼らの目標や思いを引き出してください。

教える技術

08

あなたの人間性が伝わる情報開示を

教える技術05で、新しい部下と信頼関係を結ぶためには、まずプライベートの話をすべきだということをお話ししました。

でもまだ、その効果について半信半疑の方がいらっしゃるかもしれませんね。

では、あなたが何かのセミナーを受けているというシチュエーションを想像してみてください。

セミナーの内容がたとえ固いテーマや難しい話題であったとしても、その話し手が、「実は韓国のテレビ俳優に夢中だ」とか、「プラモデルづくりが大好きで、ひまさえあればできあがった作品を眺めている」とか、「子煩悩で、休みの日は子どものテニスにつき合っている」などという人間味のある面を披露してくれたら、その人に対する親しみがわき、本来のテーマもいっそう興味を持って聞けるようになると思いませんか？

部下と上司が人間的な側面を共有しあい、心おきなく仕事の話ができるような関係性を築くには、まずは上司であるあなたが自分について話すのがいちばん。**いうなれば、あなた自身の人間性を示すための情報開示です。**

そうすれば、部下は緊張をやわらげることができ、自分のことを話しやすくなるでしょう。

具体的な内容は「好きな本や音楽、映画、スポーツ」「長く続けている趣味や、今夢中になっていること」「尊敬する偉人や好きな著名人」「出身地やそこで暮らしていた頃のエピソード」など、他愛のないことでかまいません。

以前、あるクライアント先で自己紹介の項目リストをつくったことがあります。これは社内の新人歓迎会用に用意したもので、自己紹介が苦手な人でもスムーズに喋れるようにと考案しました。

参加者全員に配っておき、「じゃあ○○さん、まずは最初の2つの項目について聞かせてください」と話をふると、話すのが苦手な人でも「えっと、小学生のときの習い事は……」なんていうふうに切り出せます。

ぜひあなたも自己紹介項目リストをつくって、ご自身の情報を記入してみてください。

教える技術

09

自分の成功談ではなく、失敗談を話す

仕事についたばかりの新人などにとって、仕事を教えてくれる先輩や上司は、多くの経験や知識、スキルを持つ、いわばあこがれの存在。

そんな先輩や上司が、あえて失敗談を語る必要があるのか？

そう疑問に思う読者もいらっしゃるかもしれません。

現在仕事をテキパキとこなしている誰もが、当然ながら、これまでに数えきれないほどの失敗を経験してきていて、だからこそ「今」があるわけですが、その過程は新人たちからはまったく見えません。そのため目の前の先輩や上司を最初から完璧に仕事ができた人だと感じてしまいがちです。

そこで、ぜひ成功談ではなく「こんなミスをしたことがある」「私も新人の頃には、そういうことがまったく理解できなかった」「こうやったら、うまくいかなかった」といった失敗談をフランクに話してください。

そうすることで、**「あっ、この人も自分と一緒なんだ」という共感が生まれ、結果、その先輩や上司が教えてくれることを受け入れやすくなるのです。**

失敗談を話すことには、もうひとつメリットがあります。

それは、**部下が仕事をする際の選択肢を広げられるということ。**

あらゆるビジネスにおいて、成功への道筋というのは数多く存在します。

ところが、私はこういう方法で成功したという話を中心に指導してしまうと、部下はそこから「だから、このやり方をしなさい」というメッセージを受け取ってしまいます。しかし逆に、「こうやったら失敗した」という具体例を聞いていれば、この明らかに間違ったやり方を排除したうえで、それ以外の数ある道筋のなかから、有効なものを部下が自ら探すことができるわけです。

ただし、必ず身につけなければいけない基本的な知識やスキルについては、上司・先輩から部下や後輩へ、具体的かつ詳細に教える必要があります。それについてはCHAPTER 3で詳しくご説明しています。

教える技術

10

「教える技術」を使えば育成にかかる時間を短縮できる

私は人材育成の仕事にも長年関わってきて、実感していることがあります。それは、人は簡単には育たないということです。

このことをもっとも身にしみて感じているのは、おそらく子育てを経験したお母さんたちではないでしょうか？　彼女たちは〝今日、言ったことが明日から子どもができるようになる〟なんて、まったく思っていません。

新しいことを覚えさせるにも、生活習慣や学習習慣を身につけさせるにも、何度も何度も繰り返し根気よく教える必要がありますから。経験を積み年齢を重ねてきたビジネスマンも、基本はまったく同じです。教育にはある程度の時間がかかるのです。

一方、ビジネスの時間軸はまったく違います。すぐに結果が求められ、それこそ今日やったことの結果が今日、遅くとも1カ月後には結果がほしいわけです。「今月の目標はこれだから、月末までにこれだけの成果を上げなければ」と考えながら、上司たちは部下たちに課題やノルマを与えます。**部下の教育がうまくいかないと悩んでいる人の話をうかがうと、このビジネスと教育の時間軸の違いを理解していない方が、とても多くいます。**人を育てる立場であるリーダーや管理職は、自分のなかに「短時間で結果を出す、ビジネスの時間軸」と「数カ月から数年かけて取り組む、教育の時間軸」の両方を持つこと、そして教育の時間軸を常に意識しながら〝今月末までにこれをやりなさい〟という指示や要求を出すことが求められるのです。

企業の経験者採用には、人材育成にかかる時間をお金で買うという側面があります。プロ野球にたとえるなら、それなりの報酬を用意して国内外のトップ選手を入れ、戦力を補強するようなものです。もちろん悪いことではありませんが、すべてをそれに頼ってしまうと、組織全体の成長が滞ってしまう可能性が否定できません。**なぜなら「人を育てるという経験」は、育成する側の人間や組織も育てるからです。**

本書は「教える技術」を分解・分析して、「いつ・誰が・どこで」行っても必ず成果が上がるようにまとめたものです。この本の内容を実践すれば部下育成のスキルが高まると同時に、**その時間を大幅に短縮できます。**

教える技術

11

一人前に育てることは実は意外と簡単

部下を育てるというのは、確かにたいへんなことです。もちろん、十数年かけて、人間をゼロから育て上げていく子育ての難しさは、ここであえて申し上げるまでもないでしょう。

しかし、ビジネスというカテゴリーのなかで「一人前に育てること」は、それほど困難ではないと、私は考えています。

なぜならビジネスというのは、とても明快なものだから。

どんな業種・職種でも、それぞれのプロジェクトにははっきりとしたミッションや目標の数字があり、メンバーはそれを達成すればよいわけです。

ですから上司がすべきことは、〝決められたミッションや数字を達成できる人〟に部下を近づけていく、という育成です。

ゴールが明確なのですから、その道筋や行動も明確に割り出すことができます。

明確なゴールのない芸術家を育てることに比べたら、ビジネスマンを一人前にするなんて、実はずっと簡単なことなんです。

ですから、リーダーのみなさんにはぜひ、希望を持って人材育成に取り組んでいただきたいのです。もしも迷いが生じたり、うまくいかなくて困ったりしたときは、ぜひ何度でも本書を参照してください。

教える技術10でも書いた通り、教育にはそれなりの時間がかかりますが、行動科学マネジメントに基づく本書の「教える技術」を使えば、誰でも〝教える〟を着実にスキルアップすることができ、育成にかかる時間を大幅に短縮することができます。

忍耐強く育ててきた結果、「最初の頃はあんなにダメだったが、ここまで成長するものなんだな」という感慨を持てるような経験を一度でもすると、人を育てることがとても楽しくなります。

教える技術

12

部下の悩みを聞き出すためには

部下や後輩の育成で何より重要なのは、上司や先輩のあなたが「聞く習慣」をしっかり身につけることです。

なぜ部下が話さないか？　答えは簡単。上司が話してしまうからです。

部下の悩みに関して、上司は答えがわかっていますから、「実は取引先でこういうことが……」と途中まで聞いただけで、それをさえぎって「こうすればいいんだ」と話し始めてしまう。これでは、部下はそれ以上のことを話さなくなってしまいます。

あなたは、ふだんまったく会話のない人に本音を話しますか？　ふだんから話を聞いてくれる相手だから、不満だって言えるし、相談したいと思うわけですから、**とにかく上司であるあなたは、「部下の話を聞くという行動」を増やしていくことが大前提なのです。**

さて、肝心の聞き出し方ですが、質問には順番があります。

間違っても、部下と対峙したとたん、開口一番に「最近、仕事で困っていることは何かな？」などと質問してはいけません。

おそらく部下は「ありません」と答えるでしょうが、胸のうちでは「そんなことを話せる雰囲気ではないよ！」「なんてデリカシーのない人なんだろう」などと思っているはずです。

まず最初に投げかけるのは、まったく考える必要がなく、誰でも答えられる質問です。たとえば「お昼は何食べた？」「会社に来る電車は何線だっけ？」「さっき外出したとき、雨降ってた？」なんて質問で結構。ねらいは、とにかく相手に話をさせることと。そうやって世間話をして、本音を話しやすいような雰囲気をつくりながら質問のレベルを徐々に上げていき、場が温まったところで本題を切り出せば、日頃の悩みや不満、疑問などを話してくれることでしょう。

多くの部下に慕われ、相談ごとがひっきりなしに舞い込むような人がいます。彼らは、特に意識することなく、こうしたプロセスをふんで相手の話を引き出しているのです。同じ「行動」をすれば、あなたにも必ずできます。

教える技術

13

部下が悪いと決めつける前に自分をチェックする

部下に対して仕事を教えても、その成果が思うように上がらないとき、本書の冒頭でもお伝えした通り、こんなふうに考える人がいます。

「本人にやる気が足りないのが原因だろう」「こいつには情熱がないのだ」「根性を叩き直す必要がある」。

こうした考え方には、大きな誤りが2点あります。


まずひとつは、教えたにもかかわらず成果が上がらなかったのは、やる気・情熱・根性といった〝気持ちや性格〟に原因がある、ととらえているところです。


行動科学の視点で見ると、すべての成果は人間の「行動」が生み出す結果です。

ビジネスの世界は、まさにその典型と言えるものでしょう。日々の行動の集積＝仕事の結果ですから、常に注目すべきなのは気持ちや性格ではなく「行動」です。

もうひとつの誤りは、〝悪いのは部下のほうだ〟という発想です。

教えているにもかかわらず、一向に成果が上がらないのはなぜか？　失敗の原因は上司が部下に対して行った教え方のなかに潜んでいます。

たとえば「教えるスピードが早過ぎた」「説明が抽象的で、部下にはきちんと理解できなかった」「教えた内容より、さらに基本的なレベルからスタートする必要があった」……など、指導がうまくいかなかった理由・原因を見つけて、的確な改善を加えることができれば、その部下は必ず成長して成果を上げられるようになりますし、上司の側も〝教えるスキル〟を進化させることができます。

うまくいかないのを部下の気持ちや性格のせいにして、「やる気あるのか？」「しっかりしなさい！」などと叱責したところで、問題は何ひとつ解決しないばかりか、職場の雰囲気を壊し、メンバーみんなの士気を低下させてしまうこともあるでしょう。

「部下が悪い」と決めつけるのではなく、自分にはどのスキルが足りなかったのか考えてみましょう。

CHAPTER

3

部下のためにできることは

教える技術

Teaching Method
Every person grows up.

教える技術

14

教える内容を「知識」と「技術」に分ける

さて、ここからは具体的にどんなふうに教えていくのかをお話ししていきましょう。

あなたは部下に仕事を教えるとき、その内容をあらかじめ整理していますか。

ひょっとしたら、その場で思いついたことをそのまま口にしているのではないでしょうか?

当然ながら、あらかじめ内容を整理しておいたほうが、よりスムーズにかつ効率よく教えられるであろうことは、疑問の余地がありません。

何のプランも筋書きもなく、ただ頭に浮かんだ順に教えるという方法では、仕事やプロジェクトの全体像が把握できませんし、必ず教えるべきことを教えそびれてしまったり、同じことを何度も教えてしまったりと、とても非効率です。

そこで必要になるのが教える内容の整理になります。


まず最初に求められるのは、教える内容を「知識」と「技術」に振り分けることです。

たとえば、ボウリング初心者にボウリングを教える場合なら、教えるべき「知識」にあたるのが、投球のマナー、ゲームの基本ルール、ボールの選び方、ボールの回転と軌道の関係、スコア表の記号の意味など。

一方の教えるべき「技術」は、ボールの持ち方、助走の仕方、投球フォーム、ボールのコントロール法といったことになります。スポーツと違ってビジネスの場合は、「知識」と「技術」の線引きが難しいものもありますが、**知識は聞かれたら答えられること、技術はやろうとすればできること**というふうに考えればいいでしょう。

教える内容を「知識」と「技術」に分けることで、指導手順の決定や、その人にはどこからどこまで教える必要があるか？　の見極めが、すっきりと体系的にできるようになります。

また、その指導があまりうまくいかなかったときにも、あらかじめ教える内容が「知識」と「技術」に分けられていると、技術が未熟なのか？　知識が不足しているのか？　とチェックしていくことで原因が見つけやすく、原因が見つかればそこを補強することで、狙い通りの成果や成長が見込めるようになります。

■知識と技術

	知識	技術
ボウリングの例	・投球のマナー ・ゲームの基本ルール ・ボールの選び方 ・スコア表の記号の意味 ・ボールの回転と軌道の関係	・ボールの持ち方 ・助走の仕方 ・投球フォーム ・ボールのコントロール法
和菓子店の開店準備	・売店のボックスの場所がわかる ・仕入表の場所がわかる ・仕入表の見方がわかる ・預けてある鍵と元銭の場所がわかる ・店舗の鍵の仕組みがわかる ・店内BGMを流す装置の仕組みがわかる	・前日の引継ぎ書の理解ができる ・店内の電気のスイッチの点灯と消灯ができる ・レジを手順どおりに打つことができる ・冷蔵庫の決まった位置に在庫を入れることができる ・売店の鍵を開けられる ・店内BGMの音量をコントロールすることができる ・試食の準備ができる

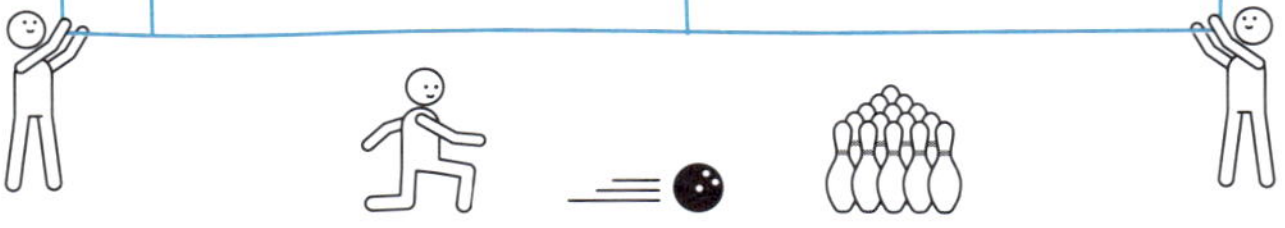

教える技術
15
子どもをおつかいに出すときを思い出す

私はセミナーで「子どものおつかい」を題材にして、受講生のみなさんにワークをしていただくことがあります。

あなたに、これまで何度もおつかいを経験していて、いつも頼んだものをきちんと買ってきてくれる、小学6年生のお子さんがいるとします。

1000円渡して、1本80円のにんじん3本と1尾100円のさんま2尾を買ってきてもらいたいとき、どんなふうに指示を出しますか？

この場合は、「80円のにんじん3本と100円のさんま2尾買ってきてちょうだい」とそのまま言えば十分。付け加えることがあるとすれば、「おつりで、変なモノを買ってはダメだよ」と注意を促すぐらいのことでしょう。

では、初めておつかいをする小学1年生の場合はどうでしょう？

「80円のにんじん3本と100円のさんま2尾買ってきてちょうだい」とだけ言っ

て、送り出すなんてことはしないはずです。

やるべきことを時系列に並べたチェックリストをつくる、家の電話番号を書いた紙を持たせる、「青いエプロンをして名札をつけた人が店員さんだから、わからないことがあったら聞きなさい」とアドバイスする……。

とにかく、やるべきことを細かくかみ砕いて、わかりやすく伝えるというのが、子どもを初めておつかいに行かせるときの指示・指導の仕方です。

社会人だって、同じようにしなければいけません。

たとえば、飛び込み営業をさせるなら、そういう仕事をしたことがあるかどうかはもちろんのこと、それこそ個人宅ならインターホンを押したことがあるか？　といったところから一つひとつきちんとチェックすべきなのです。

広報部で雑誌広告を担当するなら、雑誌ができるまでの工程を知っているか？　必要なマーケティング用語を覚えているか？　社外の人に製品の特徴を説明した経験があるか？　印刷物の校正ができるか？　など。

カスタマーサービスなら、取り扱い製品についてどこまで知っているか？　電話の基本マナーを身につけているか？　使用する電話機の使い方を知っているか？　など。

誰もが思いつくようなテーマから、「こんなことまで確認する必要があるの？」「普通は知っていて（できて）当たり前でしょ」と思いがちな細かい事象まで、とにかくピックアップしてください。

そして、やったことのない「行動」については、初めてのおつかいに送り出す子どもと同じように、きちんと分解して教えなければなりません。

教える技術

16

できる人の仕事ぶりを徹底的に「分解」する

教える技術15で述べた「行動の分解」について、さらに具体的に説明していきましょう。

どんな業種・職種でも、その仕事（業務）は数多くの「行動」から成り立っているので、同じように分解して書き出してみると、教えるべきことが明らかになります。

何かの仕事（業務）を教えるにあたって分解の対象にするのは、その仕事を難なくこなしてすぐれた成果を収めている社員の行動です。

なぜなら、成果を出している人は成果の出る行動をしているからです。

たとえば、営業なら毎月トップセールスを収める人がいたら、その人の日々の行動を事細かく書き出してみるのです。

朝は何時に出社して、始業時間までの間に何をしているか、顧客に電話をかけるとき、最初に何と挨拶しているか、担当者が不在のときはどんな伝言を残しているか、営業用カバンには何を入れているか、アポイントメントの時間より何分早く訪問先に到着しているか、名刺を渡しながら喋る内容は？　初対面の担当者に対して最初にどんな話題を投げかけているか、訪問の記録はどのように残しているか……などなど、**とにかく一つひとつ細かくピックアップすることが重要です。**

では、行動を徹底的に分解するとはどういうことなのでしょうか。それを実感していただくため、ここで「ペットボトルの水をコップに注ぐ」「Tシャツを着る」という2つの課題を、分解してみてください。

どちらも、日頃から特に意識することなくこなしていることですが、〝ペットボトルの水をコップに注いだ経験がないし、やり方も知らない人〟〝Tシャツを着たことがないし、着る方法も知らない人〟に説明してあげるつもりになって、とにかく細かく分解すること（ヒント：どちらも最初は、「ペットボトル（Tシャツ）を見る」、最後は「ペットボトル（Tシャツ）から手を離す」です）。

書き終わったら、解答例（191p）と見比べてください。

ペットボトルの水をコップに注ぐ行動を分解してみよう

①ペットボトルを見る

Tシャツを着る行動を分解してみよう

①Tシャツを見る

あまりにも工程が多くて驚かれたでしょうが、この行為をまったく知らない／できない人が、この行為を完璧に再現できるよう指導するには、ここまで分解することが必要なのです。

とは言え、部下の仕事を最初からここまで分解するのは難しいかもしれません。まずは、大雑把でいいので分解し、特に重要だと思うポイントを書き出してみましょう。慣れてきたらどんどん細かく分解して書き出します。

仕事にはさまざまなやり方があります。ですから、複数の社員の仕事ぶりを分解するのが理想的です。それによってその人特有の「行動」と、成果を出すために絶対欠かせない「行動」を見分けることができるでしょう。

そうして書き出したものは、その仕事の「チェックリスト」として使えるのです。

リストに書かれている行動をその通りに再現すれば、どんな人でも優秀な社員と同じような成果を上げられる可能性が高まりますし、リストがあれば上司は「ここはよくできているよ。あとは、ここを重点的に練習しよう」といった指導が可能になります。

名前：　　　　　確認者：

備考
服装・歩き方・姿勢・口臭
5W2Hに基づいて、目的・目標をチェックをする。提案する準備物
①アポイントシートで、いつ、何時、誰と、肩書き、何名、どこで、目的を記入。提案書・見積もり書の部数の確認
遅くても5分前〜10分前には現場で待機する
人数分の提案書を用意する
自分が担当するルートを確定し、確定した時点でホワイトボードに記入する
訪問相手の役職、肩書き、氏名の確認（アポイントシートに記入）
営業に出る前にどんな余談をするか確認をする。訪問する前に・天気・時事ネタを考える。　備考：雑談集
開始5分のトークを考えておく
顧客情報シートを確認する
①車内の臭いのチェック：たばこを吸わない人が2週間に一度チェックする　②荷物・ゴミの片づけ ⇒帰社時にゴミ荷物は残さない　仕事と関係ないものは置かない　③月1回の洗車
営業所の近くの場合であれば、営業所と顧客との場所と距離を確認する　遠方であればホームページで距離を確認しておく
①始業直後に1日のスケジュールの確認をし、朝礼でスケジュールを報告する　②毎日、朝夕2回、上司のスケジュールを確認し、同行依頼をする
目的・準備物の欄が記入されているかどうかを確認する

チェックリストの例

企業訪問前

日付：　　　　訪問先（企業名・役職・名前）：

手順		チェック項目
1	□	身だしなみをチェックする
2	□	目的目標の確認を明確にして、提案準備をする
3	□	面談目的と商談内容の説明（アポイントを取る）
4	□	訪問時間を守る
5	□	名刺の枚数の確認
6	□	一日のスケジューリングの作成⇒ホワイトボードに訪問先と帰社時間の記入をする
7	□	訪問相手の確認
8	□	提案以外の雑談の話の準備をする
9	□	訪問前の挨拶の準備
10	□	顧客情報の把握
11	□	営業車の清掃
12	□	得意先の場所（入り口）の確認
13	□	自分と上司のスケジュールの共有を行う
14	□	自分と上司の日報に訪問の「目的」を入れる

教える技術

17

部下の知っていること、できることを把握する

前ページのようなチェックリストができたら、次に行うのは、該当する部下がその仕事について「どこまで知っているか?」「どこまでできているのか?」の確認です。

「いくらなんでも、このくらいのことは知っているだろう」

「これはきっとできるはずだ」

そうした勝手な思い込みは禁物です。**特に他部署から異動してきた社員や、中途入社の人など、これまでに経験を積んでいる人ほど入念なチェックが必要です。**

教えることは「知識」と「技術」に分けると**教える技術14**でお話ししましたが、まずは「知識」のチェックをしましょう。これには一問一答形式のテストが最適です。

質問項目は、教える仕事に関わる専門用語(特に業界やその部署ならではのもの)、成果を出すための重要ポイントなどを、チェックリストに沿って割り出します。

・○○という言葉を知っていますか?(知っている場合)その言葉の意味は?

・～といったクレームがあったとき、その内容はどこの部署に伝えればよい？
こうしたことを、口頭あるいは記述で回答させます。
面倒に感じるかもしれませんが、一度つくっておけば同じ仕事を別の新人や経験者に教えるときでも、そのまま活用できます。

一方の「技術」は仕事の疑似体験ができるロールプレイング形式で実際にやってもらいます。その際重要なのは、事前準備として、チェックリストをもとに〝見るべきポイント〟を決めておくことです。私は企業で実際に行われている営業の方のロールプレイングを見学させていただく機会がけっこうありますが、「おぉ、雰囲気いいねぇ」といった曖昧なフィードバックしかしていない上司が少なくありません。

ロールプレイング後に部下を現場に出すのであれば、この段階で〝教えるべきこと〟を確実に教えておくべきです。

「知っていること」「できること」が把握できたら、チェックリストと照らし合わせることで、その部下に教えるべきことが明確になります。

一問一答のテスト例

Q1　電話に出るとき注意する3つのことは？

1
2
3

Q2　お客様との商談で渡すべきツールは？

A1：①3コール以内に出る②電話横に置いてある対応トーク例を見ながら話をする③「お電話ありがとうございます」が最初のセリフ
A2：会社案内、成功事例集、小冊子、名刺（裏に手書きで連絡先を記入）、お試し割引チケット

CHAPTER

4

どう
伝えるか

教える技術

Teaching Method
Every person grows up.

教える技術

18

指示や指導は具体的な表現に言語化する

「真心をこめて接客しなさい」「しっかりやれ」「できるだけ早く提出を」……。

この3つの指示の仕方に共通していることは何だと思いますか?

正解は、いずれも表現が曖昧かつ抽象的だということです。

行動を指示するときには、できるだけ具体的に表現する必要があるのに、実際はこういった曖昧な表現しかしていない上司がとても多いのが現状です。

これでは、部下はどんな行動をしたらいいのかわかりません。

特に、**優秀でどんな仕事も感覚的にできてしまうような上司は要注意です**。

「真心をこめる」の場合、たとえば〝商品は必ず両手で渡す〟〝そのあとお客様の目を見てから会釈をし、そのまま3秒間静止する〟というふうに具体化すれば、誰でもその行動ができますし、サボりようがありません。そうすれば、お客様からは「このお店の接客には真心がこもっている」と感じていただけることでしょう。

「できるだけ早く」では、人によって連想する期間がまったく違うので、〝明日までに〟〝月曜朝までに〟〝今月中に〟などと明確にしないといけません。

そして、もうひとつありがちなのが、「顧客第一主義」と「利益追求」のように、相反する内容を同時に求めるような指示の仕方です。

これも、表現が曖昧であることが元凶。こんなふうに指示された部下は、〝歩きながら走れ〟と言われているように感じてしまいます。

人は「歩きながら走れ」という相反する行動を命じられたらどうするか？

その反応には2種類あります。

ひとつは、走ることも歩くこともしなくなる、つまり行動をやめてしまうこと。

もうひとつの反応は、走るのとも歩くのとも違う中途半端なスピードで前に進むこと。自信を持って〝歩く人〟や〝走る人〟はほとんど現れません。

本当にやらせたい行動や、**身につけさせたい業務があるのなら、その内容をできるだけ明確かつ具体的に表現しなければダメ**だということです。

教える技術

19

とるべき行動を具体的に表現する

行動を具体的に言語化しようとするとき、おおいに参考になるのが、行動分析学で行動を定義するときに用いられる「ＭＯＲＳの法則（具体性の法則）」です。

ＭＯＲＳの法則は次の４つの条件から成り立っています。

MORSの法則

- Measured　計測できる
- Observable　観察できる
- Reliable　信頼できる
- Specific　明確化されている

この４つの条件を満たしていないものは「行動」ではないということなんです。

念のため補足すると、〝計測できる〟＝カウントできる、あるいは数値化できる。〝観察できる〟＝誰が見ても、どんな行動をしているのかわかる。〝信頼できる〟＝どんな人が見ても、それが同じ行動だと認識できる。〝明確化されている〟＝文字通り何をどうするか明確になっている、ということを意味しています。

たとえば、

・親密にコミュニケーションをとる
・しっかり立ち止まる
・売上げを伸ばす

といった言葉は、一見「行動」を表しているような印象を与えますが、ＭＯＲＳの法則の４つの条件をまったく満たしていないので「行動」にはあたりません。

・親密にコミュニケーションをとる↓〈すべての顧客に対し3カ月に一度電話をかけ、当社のサービスに対する感想を聞く〉〈2週間に一度、メールマガジンを送る〉

・しっかり立ち止まる↓〈5秒間止まる〉〈腕は伸ばして体に密着させておく〉

・売上げを伸ばす↓〈チラシを毎週200戸に配布する〉〈インターネットの情報サイトに広告を出す〉〈毎月300名にサンプルをプレゼントする〉

行動をここまで具体的に書き出せば、教えるべきことがはっきりするし、きちんと教えられたかどうかのチェックや評価も客観的に行うことができます。

行動に当てはまるものはどれか？

「行動」と思うものに○をつけてみよう

絆を深める

ダイエットをする

英会話を頑張る

きちんと整理整頓する

モチベーションをあげる

友達とコミュニケーションをとる

※答えは次ページ欄外

教える技術

20

社内で頻繁に使う用語に気をつける

何度も繰り返している通り、部下に仕事を教える過程において、「行動を分解すること」「具体的に言語化すること」が絶対に欠かせません。

たとえば野球の初心者に対して「絶好球が来たら、振り抜いてホームランにするんだ！」なんて指導をして、よい結果がのぞめるでしょうか？

絶好球っていったい何？　振り抜くとはどんな動作？　初心者にとっては何ひとつ理解できず、もちろん正しい〝仕事〟もできません。

実は私自身、かつては〝具体的な指示〟とは無縁で、「わからないなら、見て覚えろ」「とにかく期日までにやっておけ」などと平気で言っていました。今になって思えば、こんな上司のもとでみんなよく耐えていたなぁと思います。

ビジネスの場合、特に社内で当たり前のように使っている言葉ほど、「行動の分解」

※すべて「行動」には当てはまらない

と具体的な表現への置き換えが必要になります。

たとえば「きちんと管理する」の〝きちんと〟とはどんな状態を指すのか？　「親身な対応を心がけましょう」の〝親身な対応〟とは、具体的には何を意味する？　どんな言葉遣いがいいのか？　そのとき、表情はどうすればいい？　相手の正面に立つのか、隣に並ぶのか？

「アイデアを出し合う」というけれど、アイデアはどこで発表するのか。会議？　社内チャット上？　レポートにする？　期限もしくは頻度は？　件数は？……。

いつも当然のように使っているこうした言葉を、具体的な行動にかみ砕いて説明することが、あなたはできますか？

教える技術

21

優秀なリーダーは翻訳作業ができる

教える技術20で「社内で頻繁に使う用語ほど配慮が必要」ということに関連して、私は課長クラスなどいわゆる中間管理職と呼ばれる人たちにとって欠かすことができない重要なスキルに、翻訳作業があると考えています。

ここで言う翻訳とは、**社長を始めとする上層部から発せられる抽象的なメッセージや指令を、具体的な行動に置き換えて現場の部下たちに伝えるということです。**

なぜ社長の言葉が抽象的になりがちなのか。

その理由は、リーダーから中堅社員、新人、派遣やパートのスタッフにいたるまでの幅広い階層、そして企画、営業といったビジネスの最前線から人事・経理・総務などの裏方までを含むさまざまな部署に対して、ひとつの言葉でメッセージを伝えなければならないことに起因します。

そして社長が、たとえば〝一枚岩のように強い組織になろう〟、あるいは〝信念を持ってやろう〟というメッセージを発したとき、それをそのまま自分が率いている部署に持ち帰って、「それじゃぁ、僕らも一枚岩になろう！」と大声で叫んだところで、部下たちは「何を言ってるの……？」と呆れるだけです。

社長や上層部が発した抽象的な要求を、自分のチームに所属する新人、場合によっては派遣社員、アルバイトのスタッフにも実行できる行動に変換し、**彼らにダイレクトに伝わるような具体的な言葉で表現する**。

上司であるあなたは、このことを常日頃から心がけてください。

この翻訳作業は優秀な管理職の人はみな自然とできています。

部下の信頼を得ることにおいてももちろんそうですが、これからあなたがキャリアを積んでいくうえでも身につけておいてほしいことのひとつです。

■あなたは上司の言葉をわかりやすく部下に伝えているか？

上司の言葉をそのまま伝えるのではなく、具体的にかみ砕いてわかりやすく伝える

CHAPTER

5

どのくらい教えればいいか

教える技術

Teaching Method
Every person grows up.

教える技術

22

目標も具体的な「行動」に置き換える

これまで、一つひとつの行動や業務について、具体的な言葉で表現することの大切さを何度もご説明してきました。

この「言語化」は、長期的な指導のゴールや目標に対しても必須です。

たとえば〝積極性を身につける〟〝実行力のある人材に〟〝コミュニケーション力を高める〟といった目標。もちろん、どれも言わんとしていることはわかりますが、残念ながら具体性に欠けています。

これを目標として課せられた部下のなかには、いったい何をどうすればいいのかわからないので努力のしようがない、と思う人が少なくないはずです。

また、上司であるあなたの〝部下に対する指導〟が成功したかどうかを確かめようとしても、こうした抽象的な目標では客観的な評価を下すことができません。

ですから、**〝いわゆる目標〟であるスローガン的な文言とともに、「身につけておく**

べき知識」「できるようになっていなければいけない行動」を具体的に書き出しておく必要があります。

その際にも参考になるのが、**教える技術**19でお伝えしたMORSの法則です。

〝新規訪問回数を週に5回以上に増やす〟〝新商品の企画を必ず毎月1本提出する〟〝顧客のリピート率を10％アップする〟といったように、できる限り計測可能な数値を盛り込みながら、第三者にも明確な「行動」として認識できるようなものに仕上げてください。

このように細かな考察を行うことで、上司と部下にとって「教えるべきこと」「習得しなければいけないこと」がより鮮明になっていきます。

なお、**この目標は少し高めに設定することです。**フルマラソンを4時間で走れる人にとって3時間59分という目標タイムは低過ぎるので、怠けてしまう危険性が高いですし、2時間と言われたら最初からあきらめてしまいます。がんばれば手が届くかも。そういう目標が最適です。

教える技術

23

長期目標の道のりにはスモールゴールを設定する

長期的な目標を達成するには、当然ながら長い時間がかかります。

そのため、必要になるのがスモールゴール（小さな目標）です。

目標の到達点を山の頂上にたとえると、（ゴール）ははるかかなたですし、その道のりはかなりの急勾配なので、〝本当に頂上まで到達できるのだろうか？〟という不安感を持つでしょう。

でも、そこに小刻みな間隔でスモールゴールを設定しておけば、「とりあえず、あそこまでなら登れる」と努力することができるのです。

ですから、スモールゴールは、ちょっとがんばれば達成できる程度の難易度が理想的です。私はマラソンが趣味ですが、マラソンの例で言えば「1㎞走るペースを、来月までに5秒縮める」「1週間の走行距離の合計を、毎週2㎞ずつ増やす」といった具合です。

それによって得られることは2つあります。

まずひとつは達成感。どんなに小さな目標でも、それを成し得たという成功体験は、その努力や「行動」をさらに続けるための原動力になります。

もうひとつは、スモールゴールを1個1個クリアすることで、着実に本来のゴール（頂上）に近づくことができるという事実。

どんなにけわしい山道も、急勾配の傾斜も、そこに階段を刻んで一歩ずつ登っていけば、必ず頂上に到達します。

上司と部下で一緒にサブゴールを設定し、本人はそれに向かう努力を継続する。

上司はそれを定期的にチェックして、達成を確認したらしっかりとほめることです。

〝ほめる〟については後ほど詳しく説明しますが、人は何かの「行動」をした直後にほめられると、その「行動」を続けられる可能性が飛躍的に伸びます。

もちろん、スモールゴールについても、可能な限り数値を交え、達成したかどうか？　を明確にチェックできるよう、具体的なものにしてください。

■スモールゴールと行動の関係

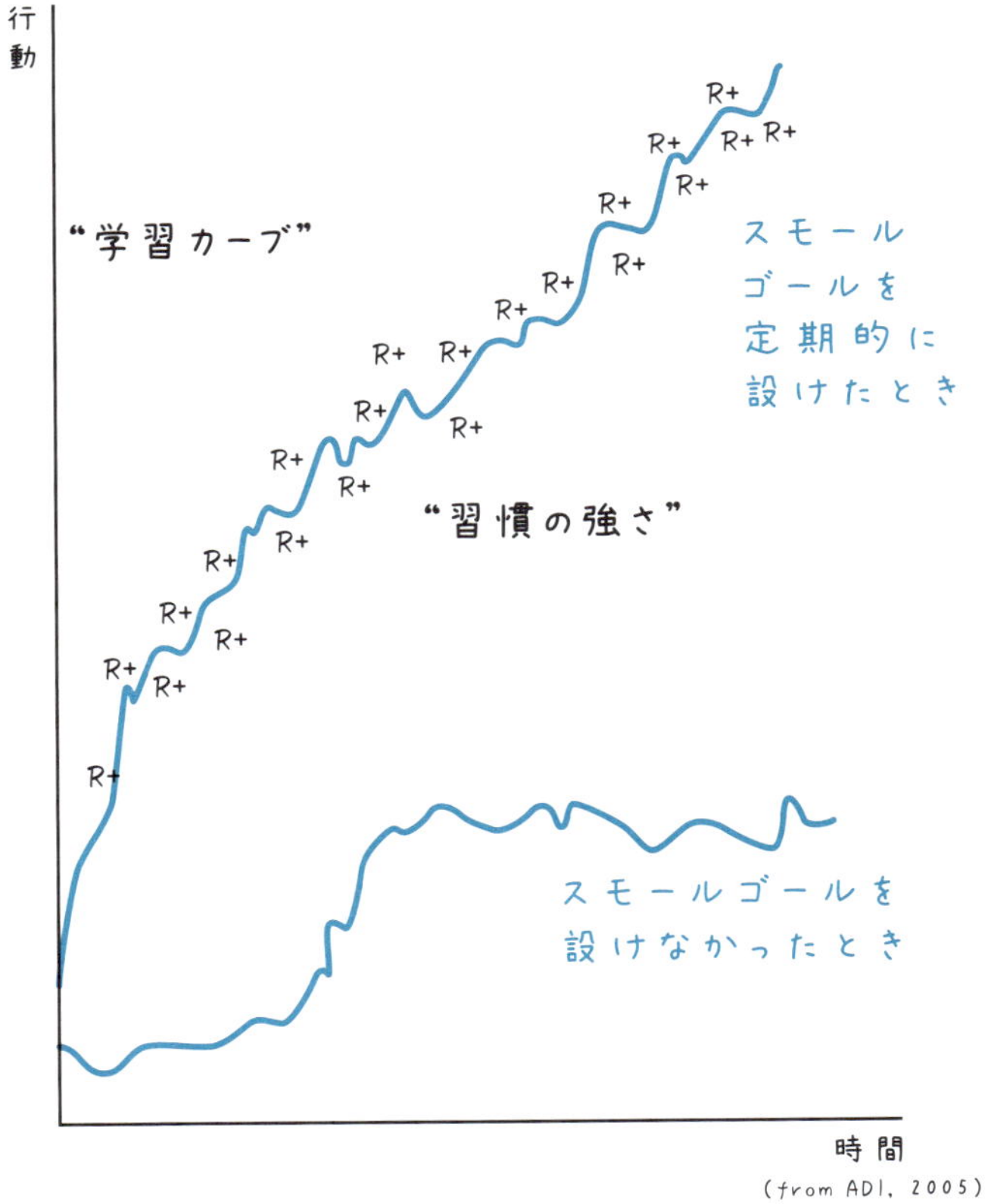

スモールゴールの達成が続けるための力になる

教える技術
24

教えること・指示することは一度に3つまで

さまざまな企業で活躍する優秀なリーダーたちと話をしたり、その仕事ぶりを拝見したりすると、ほぼ例外なくひとつの共通点を持っていることがわかります。

それは、**部下に指示を出したり指導したりする際、絶対に欲張らないということです。**

人間は一度に数多くのことを言われても、それを受け止めることができません。

私は一度に伝える量の限度は、**具体的な行動で3つまで**だと思っています。

たとえば営業であれば、「1日4件訪問すること」「挨拶はこういうふうにしなさい」「忘れずにパンフレットを渡す」といったレベルの3点が限界です。

〝部下が思うように働いてくれない〟と言っている方たちは、みな求めることが多すぎるのです。

多くのことを詰め込み過ぎているし、場合によっては〝世界一流のホテル並みのサービス〟と〝社内トップの売上げ〟の両方を要求したりする。そんなこと、できるわけがありません。

たとえば、20秒間のラジオコマーシャル。

この短い時間のなかで、製品のコンセプト、ネーミングの由来、経済性の高さ、耐久テストの結果、販売エリアの紹介、愛用者の声、問い合わせの電話番号……と矢継ぎ早に情報が発信されたとしたら、あなたはすべてを理解し、覚えることができますか？

よほど記憶力のすぐれた人でなければ不可能です。

では、伝える側はどうしたらいいか？　伝える内容を絞るしかありません。

絞り方については次項でお話ししましょう。

教える技術
25

やらないことリストをつくる

さて、伝える際に何に注意したらいいのでしょうか？

そんなとき、**一般的には優先順位を決めるのでしょうが、私は「劣後順位」を決めることこそが重要だと思っています。**

「劣後順位」という言葉をご存知ですか。

たとえば、今日やろうと思っている業務が10個あった場合、そのうちのどの業務を最初にやって、次にどれをすませ……と決めていったものが「優先順位」。最終的には10個の業務すべてをしなければいけないので、どんな順番に並べ替えようとも、全部を終えるまでのトータルな時間はほとんど変わりません。

そこで、なかでも特に重要だと思う2〜3個の仕事に絞り、残りは全部やらないと決めてしまう。これが「劣後順位」です。

つまり**あなたがすべきことは、部下に対して〝やらなくてよいこと〟を明確にしてあげること。**

「君に求めているのはこの実績。それを達成するために、これとこれをやってください。一方、これとこれは無駄なことなので、やる必要はないですよ」と指示してください。

「全体の2割の社員が、売上げ全体の8割を形づくる」ということを意味する〝2割8割の法則（＝パレートの法則）〟で言うと、上位2割にあたるようなできる社員は、みなこの「劣後順位」の決定が自然とできています。

できていないのは、残り8割の社員。上司が「劣後順位」を明確に示してあげることで、必ずできる社員に近づけることができるでしょう。

TO DO リストと正反対の〝やらないことリスト〟をつくって、「よしよし。無駄なこと、余計なことをやっていないな」とチェックできれば理想的です。

■劣後順位を決める

例のように「やらないことリスト」を
部下・後輩のために書いてあげよう

やらないことリスト
□ 午前中にメールをチェックしない
□ 接客は後輩に任せる
□ 既存のお客様へのアプローチは今週はしない
□
□
□
□
□
□
□
□
□

教える技術

26

業務そのものだけでなく、その意義や全体像も教える

何かの業務を教えるときに忘れてはならないのは、**〝何のために行うのか？〟という、その業務の意義をきちんと話すことです。**

特に複数の人や部門が連携して行うプロジェクトでは、一人ひとりの業務の意義や必要性が見えづらいケースが少なくありません。

しかし、いかなる業務もそのプロジェクトには欠かすことができません。一人ひとりの仕事が、もっと分解すれば一つひとつの行動が集積することで、ひとつのミッションを達成できるのです。

さらに言えば、一人ひとりの「行動」が、その会社の理念の遂行をも支えています。

そうした重要性を自覚させるためにも、その部下がこれから行う業務の位置づけ、プロジェクト全体の意義といった〝全体像〟を把握させること。

それによって、**当人がなすべき「行動」の遂行がより確実なものになります。**

キャンプ場でかまどを組むための石を集めてきてほしい相手に、その目的を伏せたまま〝とにかく石を集めてきて〟と頼むことはありません。

ところが、ビジネスの現場ではその仕事の意義や目的を告げずに、作業内容だけを指示することが往々にしてあるのです。

このとき、その業務に関係する部署やメンバーについて、その〝つながり〟を理解させることも必要です。

そのうえで、〝自分の仕事の範囲はどこまでなのか〟ということを鮮明にイメージできるように示してあげることが重要です。

野球の初心者に、ただ単に「センターを守れ」と指示するだけではダメです。もしかしたら〝センターってどこなんだろう？〟とその人は思うかもしれません。

「ライトとレフトとセカンドが、それぞれここを守るので、あなたはその内側に来たボールをとりなさい」と、守備範囲と周辺の人たちの仕事を明確にしてあげる。

そうすれば、自信を持って自身の仕事に取り組むことができるでしょう。

教える技術

27

「わかりました！」をあてにしない

部下や後輩にひとつの仕事を教え終わり、あなたは「わかったか？」と尋ねます。すると、部下や後輩はおそらく「はい、わかりました！」と答えるのではないでしょうか。

この、ごく当たり前の光景に、実は大きな落とし穴が潜んでいます。

なぜなら「わかりました」と答えたものの、**実のところわからないところがあっても「わかりません」とは言いづらかったり、本人はわかったつもりになっているが、実際には誤った理解をしていたり、わかっているのか、わかっていないのかすら、わかっていない、といった状態の人が、かなりの割合で存在するからです。**

私も以前は、「わかりました」と言われるたびに「そうか、わかったか」と、思い込んでいました。しかし、違っていたのです。

時間や手間をかけて教えたにもかかわらず、実際にはわかっていないのであれば、あなたから部下への指導は完了していません。

何かを教えたら、そのつど〝本当に理解したか？〟〝本当に身についたか？〟を確実に確かめることを必須事項にしてください。確認する方法は数多く考えられますが、私は以下の3つの方法を提案します。教えた内容や、その時点での仕事の忙しさなどによって適宜選択してください。

1 復唱させる

教えた内容がどれだけ伝わったかを確かめる、もっともシンプルな方法です。指導を始める前に「最後に復唱してもらうから、そのつもりで聞くように」と言っておけば、指導中の部下の集中度はより高くなります。

スキルを教えた場合は、あなたのお手本通りにやってもらえばいいでしょう。どれだけわかったかを判断するとき、**目安となるのは教える技術16でつくったチェックリストです。**全項目のなかで特に重要なポイントにあらかじめチェックをつけておき、部下が〝復唱した内容〟や〝実演〟のなかにそれらのポイントが含まれていれば合格。もれていたら、その部分を再度教え直します。

2 レポートを書かせる

その指導によって、わかったこと・学んだことを書かせます。

復唱させるという方法より時間や手間がかかりますが、部下にとってはその内容についてより深く考えるきっかけになりますし、上司は自分が行った指導の成果をより客観的かつ冷静に確認・評価できます。

評価の基準に使用するのは、やはり**教える技術16**のチェックリストです。

〝必ず書かれているべき5つのポイントのうち、4つ以上書かれていたら合格〟というように、合格基準を設定しておくとよいでしょう。

3 成功パターン・失敗パターンを考えさせる

「わかる」と「できる（使いこなせる）」の間には、たいへん大きな隔たりがあります。〝頭ではわかっていたのに、実際の現場ではうまく活用できなかった〟といった経験を、きっとあなたもお持ちのはずです。

学んだことをそのまま当てはめることで、課題がクリアできるのであればいいのですが、多くの場合仕事の相手によって、あるいはそのときの状況によって、学んだことを臨機応変にアレンジしたうえで、実行していかなければいけません。

〝その場になってみなければ、対処のしようがない〟という面も一理ありますが、私はこの指導する段階でも、「わかる」を「できる」にある程度近づけることは可能だと考えています。

それは教えた内容を、**今後、自分の仕事でどのように活用するか？　を部下自身に説明させるという方法です。**プロスポーツ選手のイメージトレーニングに少し似ているかもしれません。そして、ただ、漠然とイメージさせるのではなく〝成功するポイント〟〝失敗するポイント〟に着目させることが大切です。たとえばこのように質問してみてください。

「今日教えたことをあなたの仕事で生かす場合、どうすれば成功すると思う？」「こういう活用の仕方をすると、失敗すると思う？」できればそれぞれについてそのポイントと理由を説明してもらってください。こうして〝成功のイメージ〟と〝やってはいけないこと〟をしっかり言葉にさせることで、「わかる」から「できる」への移行をある程度促すことができるはずです。

教える技術

28

「わかる」から「できる」に変えるためのサポート

私たちが部下に仕事を教えるのはなぜか？　答えは簡単です。その仕事ができるようになってほしいからです。そうであるならば、実は仕事を「教える」だけでは不十分なのです。

その理由は、「知っている・できる」と「それを実際にビジネスに活用する」との間に大きな隔たりがあるということ。

多くのタクシーでは、シートに座るやいなや「後部座席でもシートベルトを装着してください」といったアナウンスが流れます。私たちは誰でも自分でシートベルトをしめることができますし、万が一のときシートベルトをしていないと危険であるという知識も持っています。

それでも面倒だ、窮屈なのはイヤといった理由から、一般道ではシートベルトをしない人がまだまだ少なくありません。

〝望ましい行動〟であると頭ではわかっていても、それを実践・継続することは、なかなか難しいのです。

英語の勉強が続かない、ウォーキングの習慣が続かない……といったことも同様。〝英語が喋れるようになる〟〝体重が減って健康的なカラダになる〟という成果を手に入れるために、その「行動」が必要だとわかっていても、ついついサボったり、楽なほうに走ってしまったりするのが人間なんです。

「でも、そこから先は本人の自主性の問題なのでは?」

そう考える方がいらっしゃることは十分理解できますが、自主性というものは残念ながら非常に不確かなものです。

部下が身につけた〝望ましい行動(=それをすることによって、着実に成果が上がることがわかっている行動)〟をより多く、より長く実践し続けることができるようにするには、**上司であるあなたのサポートが絶対に必要なのです。**

そこまでできて初めて、あなたの「教える」というスキルは完成します。

CHAPTER

6

ほめることが大切

教える技術

Teaching Method
Every person grows up.

教える技術

29

100点をとる成功体験で成長をサポートする

部下の教育や育成は、上司からのはたらきかけやサポートによって、その効果をよりいっそう高めることができます。代表格とも言えるのが、その部下が確実に成し遂げられる仕事を与えて、**成功体験を積ませるという手法です**。

たとえばみなさんがわかりやすい例として、子どもの塾を例にして考えてみましょう。

勉強がとても嫌いな小学5年生が入塾してきて、この子に学習習慣を身につけさせたいと考えたとき、優秀な塾の先生はどうすると思いますか？

まずは4年生用や3年生用のテストをやらせるのです。もちろん、学年が書いてある部分は、見えないように消してからです。

すると、たいていの子は100点かそれに近い点数がとれます。それでもかんばしい点数がとれないようなら、2年生の問題をやらせることもあります。

こうして１００点をとれるレベルが判明したら、同レベルのテストを繰り返し解かせて、〝１００点をとる〟という成功体験をどんどん積ませてあげるのです。

すると達成感とともに、〝やればできるじゃん〟という自信が芽生える。

そうなると、そのうち自分からテスト勉強をするようになります。これは子どもの教育の鉄則です。

では、もしも最初から難しい問題を与えたらどうなるでしょう？

〝自分にはできない〟と、その子は勉強をあきらめてしまいます。

仕事もまったく一緒のことです。

仕事がわかっていない人、教えてもできない人を引き上げるには、確実にできる課題を与えて１００点をとらせること。

早い段階でこうした達成感をたくさん持たせることで〝やればできるんだ〟と思えるようになるので、そこから徐々に、レベルの高い課題を与えていく。

このような過程を、上司がつくっていくことがとても大切です。

教える技術

30

「考える力」を育てるにも、行動の分解が必要

最初の段階でどんどん100点をとらせることの重要性について、さらに別の角度からお話しします。

人材育成の大きな目的は「わからないことが、わかるようになること」、あるいは「できないことが、できるようになること」です。

でも、その前段階にもうひとつ大事なことがあります。

それは、**できることを、いつでもできるようにすること。**

しかし実際には、この順番を逆に考えている上司が、意外と多いようです。

部下のできること・できないことを上司が明確に見極め、「できること」のなかでも「確実にできること」があるので、それをやらせて100点をとらせる。

そして100点をとったという事実をしっかり認めてあげることで、上司と部下の間の関係性を築き、さらに「できることが、いつでもできる」の精度を上げる。

これでようやく〝できないことに挑戦する〟ための土台ができあがるので、そこから徐々に難しい課題に取り組む環境をつくればよいのです。

それから、もうひとつビジネスの現場でありがちなのが、まだ基本的な仕事が充分にできない部下に向かって〝自分で考えろ〟と言い放つような指導をしている人がいます。

まだ四則演算を習得していない子どもに、方程式を使って解く文章問題をいきなり渡して、「自分で考えろ」なんてことをするでしょうか？　しませんよね。

ところがそういうことが、職場では実際に起きているんです。

「考える力」を引き出したいなら、「考える」という過程を一つひとつの「行動」に細かく分析し、その手順を見せたり説明したりしなければいけません。

逆上がりができない人に、〝ここで腕を曲げる〟〝足を蹴り上げるのはこの方向〟などと一つひとつの動作を解説しながら、お手本を見せるのと同じことです。

まずは、基本的な仕事で実績を積ませること。それによって自分で考えるための自信や土台もできていくので、「考える力」を育てるのはそれからでいいでしょう。

教える技術
31

なぜ「ほめる」ことが必要なのか

部下の教育や育成が、より効果的に進むようサポートするもうひとつの手法に、「ほめる／叱る」があります。

このほめ方、叱り方について考える前に、人間の行動原理を論理的に説明している「ＡＢＣモデル」という概念をご紹介しましょう。

A　先行条件（Antecedent）……行動の直前の環境
↓
B　行動（Behavior）……行動・発言・ふるまい
↓
C　結果（Consequence）……行動した直後に起きた環境の変化
（C から A へ戻る矢印）

「先行条件」が少しわかりにくいかもしれませんね。これは、人がある行動をとる直前の環境や、行動のきっかけとなる目的、ゴール、締め切りなどを指します。

さて、このA「先行条件」B「行動」C「結果」には明確な因果関係があり、矢印の通り「行動」は「先行条件」に影響されます。そして同様に「結果」は「行動」に、「先行条件」は「結果」に影響されます。

つまり目的（A）のために行動（B）をしたとき、得られた結果（C）が望ましいものであれば、（C）→（A）→（B）と影響されるので、その人は行動（B）を続けたり、繰り返したりするということです。具体的な例でみてみましょう。

A　先行条件「電車の中が蒸し暑い」
↓
B　行動「ハンディ扇風機を使ってあおぐ」
↓
C　結果「涼しくなる」

A 先行条件「スナック菓子をすすめられた」
↓
B 行動「ひとつ食べた」
↓
C 結果1：とてもおいしかった
結果2：苦手な味だった

ひとつめの例では、ハンディ扇風機を使って涼しくなったので、この人は「ハンディ扇風機を使う」という行動をそのまま続けることでしょう。

2つめの例の場合、「とてもおいしかった」という望ましい結果であれば、もう1つもらって食べる可能性が高いですが、「苦手な味」という望ましくない結果になった場合は、もう二度とそのお菓子を口にしないはずです。

このように、あらゆる行動がこの因果関係のうえに成り立っています。しかも、その因果関係において、人間の〝意志〟がおよぼす影響はほんのわずか。

ですから、**部下にやらせたい行動、身につけてほしい行動があるなら、「気合いを**

入れろ」「やる気を出せ」と叱咤激励するのではなく、このABCの因果関係をコントロールするほうがはるかに効果的だというわけです。

では、いったいどのようにコントロールするか？

従来のマネジメント手法を見ると、「先行条件」だけをいじっているものがほとんどです。つまり〝目標の数値〟さえ設定してしまえば、部下は目標達成のための行動に励み続けるものだと決めつけているのです。

そして、その思い通りに部下が動いてくれないと「たるんでる！」と叱責します。

ここで重要になるもの、つまり人の行動を強く方向づけるのは、その行動によってもたらされる「結果」です。

ハンディ扇風機を使ったおかげで涼しくなれば、さらに使い続けるし、スナック菓子を食べて「とてもおいしい」という結果が得られれば、またひとつ口に入れます。

ビジネスにおいても、望ましい「結果」を得ることが部下のその「行動」の頻度を高め、ひいては仕事に対する自発的な取り組みを引き出します。次項では「結果」をコントロールする方法について解説しましょう。

教える技術

32

行動を「強化」するためには

教える技術31でＡＢＣモデルの概念と、「行動」の頻度を増やすためには、「先行条件」以上に「結果」が重要である、ということをお伝えしました。

その際に例として挙げた、ハンディ扇風機を使ってあおぐ、スナック菓子を食べるといった行動では、必ず行動の直後に涼しくなる、おいしくて幸せな気分になるといった「結果」があらわれます。

ところがビジネスや人材育成の場で、部下に実行させたい「行動」、身につけてもらいたい「行動」には、すぐに明確な結果が出ないものがとても多いのです。

たとえば新規営業のアポイントメントをとるという「行動」。回数を増やし、それを継続すれば、業績が上がるという望ましい「結果」がもたらされるはずですが、「行動」の直後に〝いい結果〟を得られることはほとんどないのが実情です。

ラジオの英会話講座を毎日聴く。この行動も、必ず語学力アップという「結果」につながりますが、1回ラジオを聴けばその直後に、ネイティブのお喋りがすべて聞き取れるといったわかりやすい「結果」は、残念ながら期待できません。

そこで効果を発揮するのが、「行動」の直後に望ましい「結果」を意図的に与えるという方法です。ひらたく言えば、ごほうびをあげるということです。

大のチョコレート好きの人が、ラジオの英会話講座を聴くたびに高級チョコレートがもらえるとなれば、その「行動」が続く可能性は飛躍的に高まるでしょう。

こうした現象を行動科学の世界では〝ラジオ講座を聴くという「行動」が、高級チョコレートによって「強化」された〟と呼んでいます。

強化された行動の頻度が増えるということは、行動分析学や行動科学の専門家による数多くの実験によって立証されています。

行動の「強化」にはさまざまなものが考えられますが、ビジネスマンにとって何より効果的なのは「上司からほめられること」「上司から認めてもらうこと」。

人材育成でほめることが重要だというのは、科学的にも理にかなっているのです。

教える技術

33

部下をほめるのは苦手という人へ

「私は部下をほめるというのが、どうも苦手で……」。

そうおっしゃる方は、経営者にもリーダーにもたくさんいらっしゃいます。

特によく聞くのは、40代以上の方です。彼らが育ってきた時代は、親も先生も職場の上司も、厳しくしつけること、叱りながら育てることが当たり前でした。

「ほめる」のは、よほど困難なことに挑戦して成し遂げたときぐらいなものです。

ふだんの勉強や部活でのトレーニング、会社での通常業務など、〝日常的なつとめ〟を確実にこなしたということに対して、親や先生や先輩や上司から「すごいね」「がんばったね」などと、ほめられた経験を持つ人は非常に稀ではないでしょうか。

事実、45歳以上の管理職を対象にしたある調査では、「自分が部下のときに、上司からほめられたことがありますか?」という質問に対して「ほめられたことがない」という回答が、なんと95%でした。

よく、人は親になったとき、自分が親から受けたしつけを自分の子どもにも繰り返すと言われます。そういう育て方（育てられ方）しか知らないのですから、無理もありません。そしてそれと同じように、ほめられることなく育ってきた人は、上司になったときに部下をほめられないのです。

しかし、ここでの部下をほめることの目的は、部下に身につけさせたい行動を〝強化〟することです。

ということは、何をほめればよいのか？　そう、「行動」です。**ほめるターゲットは、その部下の人間性でも性格でもなく、あくまでも「行動」なのです。**

それがわかれば、〝ほめること〟への苦手意識がだいぶ軽くなるでしょう。

よく課長職の方などから「部下の気持ちがわからなくて……」という相談を受けるのですが、いつも私はこう答えています。

気持ちなんてわからなくていいです。その人の行動に焦点を当てて、やったことをきちんと認める、しっかりほめる、ということをしてください。

CHAPTER

7

「叱る」と「怒る」は違う

教える技術

Teaching Method

Every person grows up.

教える技術

34

「叱る」は○、「怒る」は×。そのワケは?

「怒る」と「叱る」の違いは何か?

怒りというのは〝自分が掲げている目標と現状との間に大きなギャップがあり、そのギャップを埋めるための打ち手が見つからないときに抱える感情〟だと、以前有名な哲学者の本で読んだことがあります。

つまり、人はうまくいっているときは怒らないということです。〝あるべき姿はこうなのに、この現状はいったい何なのか?〟というときに怒るのです。

怒りをぶつけたところで、何も解決しないことはみなさんも長年の経験上ご存じでしょう。

たとえば赤ちゃんに対して「あと2年で幼稚園だから、ハイハイなんてしていないで、さっさと歩きなさい!」と怒ることはありませんね。それどころか、ハイハイしていた子が、ほんの一瞬立ち上がっただけで「すごいぞ!」とほめたりします。

ところがなぜか、大人になると逆のことをしがちです。

もし赤ちゃんが怒られたら、そのあとどうなると思いますか？　歩くのをやめてしまうのです。なぜなら、また怒られると思うからです。

こうした現象を、行動分析学では〝怒りが、行動を弱化した〟と呼びます。

先ほど、**教える技術**31でもお伝えしましたが、ほめるとその行動が「強化」され、その行動は増えます。

ですから、ある行動を増やしたければほめる。これが育成の大原則なのです。

それでも、思わず部下や後輩に怒りをぶつけてしまった場合は、「さっきは悪かった。目標と現状に対する認識や、そのギャップを埋めるための打ち手の分析が甘かった私のせいだ」などと怒った理由を説明できるといいでしょう。

一方の「叱る」は、相手の行動などを改善する必要があるとき、それを指摘あるいは要求する行為です。

本当に相手のことを考えているなら「叱る」こともときには必要ですが、その際にはいくつかの配慮が必要です。次項では、そのことについて解説しましょう。

教える技術

35

叱るときにやってはいけないこと、やるべきこと

教える技術32で、ほめる対象は「行動」であると述べました。これは「叱る」場合も同様です。

絶対にしてはいけないのは、その人の人格や性格を叱ることです。

「キミはだらしないから、業績が上がらないんだ」「普通なら誰だってできることができないなんて、どういう育ち方をしたのか？」……。

こう言われた部下や後輩は、いったい何を直せばよいのでしょう？

「いつもぼけっとしているから、仕事ができないんだ」と言っても、何の解決にもなりませんし、そう言われた部下はその上司への信頼感を確実に失うでしょう。

あくまでも、焦点を絞るのはその人の「行動」です。

（やるべきなのに）やらなかった行動、（やってはいけないのに）やってしまった行動だけを対象にしなければいけません。

会議に毎回遅れてくる部下がいたら、「準備を始めるのが5分遅いのが問題だから、そこを直しなさい」といった叱り方をすれば、行動は改善に向かうでしょう。

ただし、叱っただけでは行動はなかなか変わりません。確かに叱った直後は、その行動が改善されるでしょうが、「行動の習慣」自体が変わらないと、再び元に戻ってしまう可能性が非常に高いのです。

ですから、叱りっぱなしにするのではなく、行動変容のための道筋を示してあげることも大切です。

たとえば「会議開始の10分前に、携帯のアラームをセットしてはどうか？」といったアイデアを出すといったフォローです。もちろん、きちんと会議に間に合ったときには、「よしよし、ちゃんとできてるな」と認めてあげる。

叱ったあとのフォローを、相手の機嫌をとることだと誤解している方がいるようですが、そうではありません。

行動を望ましい方向に変えていくために「叱る」。そして、望ましい行動がその後もずっと「継続」できるようにサポートする。この2つがセットになってこそ、「叱る」という行為が最大の効力を発揮するのです。

教える技術

36

重要なのは誰がほめるか？　叱るか？

ほめ方・叱り方のテクニックを説いた本や記事をよく見かけますが、そうした技術的なもの以上に、ほめる・叱るの効果を非常に大きく左右する要因があります。

それは「誰が」ほめるか、「誰が」叱るか、ということです。

何と言ってほめる（叱る）か？　ではなく、「誰がほめる（叱る）か？」が重要なのです。

ふだんから自分の行動をきちんと評価してくれて、〝私は、この人の下で働くようになったおかげで、楽しんで仕事ができるようになったなぁ〟などと思えるような上司から、「この数字は、キミのきめ細かい配慮がお客様にばっちり伝わった結果だね」などとほめられたら、その部下はますます積極的に仕事をするようになるでしょう。

逆に尊敬できない上司や、嫌悪感を抱かせるような上司・先輩だったら、叱るという行為はもちろん、「ほめる」ことすら十分に効力を発揮できません。

たとえばふだんから、自分の上司や、会社の悪口ばかり口にして、「こんな仕事やってられない……」と言っている、そんな上司が何を言っても、部下は心のなかで「こんな人に言われたくない」と思うはずです。

以前、「感情的に怒る上司のおかげで成長できました。ですから私も部下に対して、感情的に怒ったほうがいいと思うのですが？」という質問を受けたことがあります。

この場合は、相手が「この人すごいな！」と思える上司で、互いに信頼関係ができていたからこそ、感情的に怒ることがプラスの方向に作用したのです。何と言ってほめる（叱る）か？　がもっとも重要なことではないという典型例と言えるでしょう。

ですから、**ここで問われるのはあなた自身が尊敬に値する上司・先輩であるか？という、非常に根本的な問題になります。**もちろん、ほめるとき・叱るときのセリフのレパートリーを増やすために、そうした解説書に目を通すことは無駄ではありません。でも本当は、気の利いたセリフなど必要ないのです。目を見て大きくうなずく、関係ができているなら肩をポンと叩くといったことで、本人に「私はキミのその行動を認めているぞ」というサインが届けば、もうそれだけで十分なのですから。

CHAPTER
8

継続させるために

教える技術

37

モチベーション神話を捨てよう！

ビジネスやスポーツの世界はもちろんのこと、今や学生や子どもたちまで当たり前のように口にしている「モチベーション」という言葉があります。

本来は〝動機・動機づけ・自発性〟といった意味合いですが、最近は〝やる気〟の同義語として使われているように感じます。

しかも「モチベーションはあるんですが、お客さんのところにはなかなか行けなくて……」というような、おかしなことを言う人がとても多くいます。

普通に考えれば、やる気があるならお客さんのところに行けるはずです。実際のところは単なる言い訳かもしれません。

私はいつもセミナーなどで、こう強調しています。

「モチベーションや、やる気といった曖昧な言葉で判断するのではなく、部下の行動

の数をカウントしてください」

訪問件数が増えているなら、やる気になっているということです。本人が口に出さなくても、自ずとわかります。逆に訪問件数が減っているなら、本人が何と言おうが、いわゆる「モチベーション」は確実に下がっています。

いわゆるモチベーション（＝やる気）ではなく、本来の意味での〝モチベーション（動機づけや自発性）〟を上げる方法としては、部下に向かって、「その仕事の意義を語る」「その業務を成功させたら、どんなに素晴らしいことが待っているか、鮮明にイメージさせる」などがあります。

これらは**教える技術**31でお話ししたABCモデルでいう〝A（先行条件）〟を後押しするものです。

もちろん望ましい行動を起こさせるためには非常に有効な手段なのですが、しかしそれだけでは望ましい行動を「持続」するのが難しいのです。「継続」つまり、続けさせるためには、その行動を「強化」することが必要になります。

教える技術

38

教えたことの継続をサポートする「強化」

「強化」とは、任意の行動を繰り返させるための行為のことを言います。

あなたが部下に教えた知識や技術を、本人が実際のビジネスのなかで〝活用し続けること〟をサポートするにも、やはりこの「強化」が欠かせません。教える技術31でご紹介したＡＢＣモデルを見ながら、説明しましょう。

A　先行条件（Antecedent）……行動の直前の環境
↓
B　行動（Behavior）……行動・発言・ふるまい
↓
C　結果（Consequence）……行動した直後に起きた環境の変化
（C → A）

行動をした直後に得られた結果が、自分にとって望ましいものであれば、その人はその行動を続けたり、繰り返したりします。

それが人間の行動原理であり、この現象は〝望ましい結果によって、行動が「強化」された〟と表現されます。

あなたの部下や後輩が何か望ましい「行動」をしたとき、必ずその直後に望ましい結果が得られればその行動は順調に継続されるはずですが、特にビジネスの場合、実際には望ましい結果がすぐに得られない「行動」が少なくありません。

営業なら、たとえば〝このリストに掲載されている企業を、一社ずつ訪問する〟という「行動」は、契約という望ましい結果につながります。

しかし、一社訪問すれば、必ず一件契約がとれるということはあり得ず、実際には何十社も回らなければ、契約にたどりつくことはできません。

回っても回っても「結果」が出ないと、徐々に訪問するペースが落ちていき、喫茶店で時間をつぶすようなことが増えてくるかもしれません。

部下が〝リストにある会社を一社ずつ訪問する〟という、続けるべき「行動」を継続できなくなったとき、多くの上司はその理由を本人の意志が弱いからだと決めつけ、「やる気を出しなさい！」と叱咤激励します。

しかし、行動科学ではこのように意志のせいにはせず、行動の直後に望ましい結果が得られないから、その行動が継続できないのだと考えます。そして、〝望ましい結果〟を意図的に与えることで、継続をサポートします。

では、どんなことが〝望ましい結果〟となり得るのでしょうか？

それは、**その行動自体を明確に評価することです。**

一般的に、ビジネスの現場で部下や後輩をマネジメントするとき、注目するのはその部下、後輩が出した「結果」や「成果」です。査定においても、結果や成果が何よりも重要視されます。

しかし、**すべての結果は日々の「行動」の積み重ねで成り立っているのですから、上司は部下の「行動」にもっと目を配るべきなのです。**

もっと踏み込んだ言い方をすれば、「結果」を変えたいのであれば「行動」を変えるしかありません。

求める「結果」があるなら、今までの「行動」を着実に結果に結びつく行動に変えていく以外に道はないということです。

ですから、**あなたの指導によって部下や後輩が〝着実に結果に結びつく行動〟を実行したら、その直後にしっかりと評価してあげましょう。**


1回の行動が、すぐに求める「結果」に結びつくわけではないけれど、その「行動」が必ず評価されるなら、部下は「上司はちゃんと見てくれている」「私の行動を認めてくれた」と感じることができます。

これは、彼ら自身にとって明らかに〝望ましい結果〟ですから、その行動は「強化」され、その行動を繰り返すようになるのです。


素晴らしい「結果」をコンスタントに出し続けている優秀な社員であれば、その結果によって日頃から高い評価を得ていますから、基本的にふだんは上司からのサポートがなくても〝結果に直結する、望ましい行動〟をきちんと続けることができます。

一方、なかなか「結果」を出せない社員は、その過程でどんなに〝望ましい行動〟を遂行していても、そのこと自体が評価されることがありません。

人から評価されない「行動」を継続し続けることは、とても難しいのです。

だからこそ、上司であるあなたからの「評価」が大きな力になります。

さて、次項ではいかに「評価」を形にするかについて考えていきましょう。

教える技術

39

正しく「評価」するために行動の数を数える

部下が行った〝望ましい行動〟を、部下自身に伝わる形で「評価」するためのもっともシンプルな方法は、ほめることです。

言葉だけでなく、目を見てうなずく、肩をポンと叩く、といった方法でも〝私のこの行動は、上司に評価されている〟ということが実感できれば、立派な「評価」になります。

しかし**「評価」による〝行動の強化〟をさらに確実なものにする手法があります。**

それはメジャーメント（計測）することです。端的に言うと、行動した回数を数えること。

営業の例で言えば、リストに掲載されている企業を一社訪問したら「1」とカウントするのです。一日中、部下について回って行動を数えるわけにはいきませんから、部下自身に計測とその回数の記録をさせます。あなたはそれをチェックし、着実に実行できている場合はきちんと評価します。

本人が手帳などに記録して、それを口頭で上司に報告するという方法も考えられますが、努力の跡がはっきりと目に見えるよう、グラフ化するのがおすすめです。

〝望ましい行動〟を積み重ねることで、求める「結果」に近づけることは間違いありません。しかも、もしその段階で明らかな「結果」が得られていなくても、行動を実行した回数が、グラフによって可視化できれば大きな励みになります。

メジャーメントを行う際には、求める結果に直結する「行動」をピックアップすることが極めて重要です。重要でない行動を一生懸命数えても意味がありません。それどころか、やる必要のない行動の回数を増やしてしまう可能性があるので要注意です。

教える技術16でご説明した「チェックリスト」をもとに、上司と部下が一緒になってもっとも重要な行動を厳選するとよいでしょう。

その行動が、どうしても数値化できない場合は、「とてもよい／よい／普通／悪い／とても悪い」の5段階で評価します。

その際、他の社員の行動を比較の対象にしないこと。あくまでも、その行動に対して本人が設定した目標をどこまで達成できたかを記録させることが重要です。

■計測データをグラフ化する

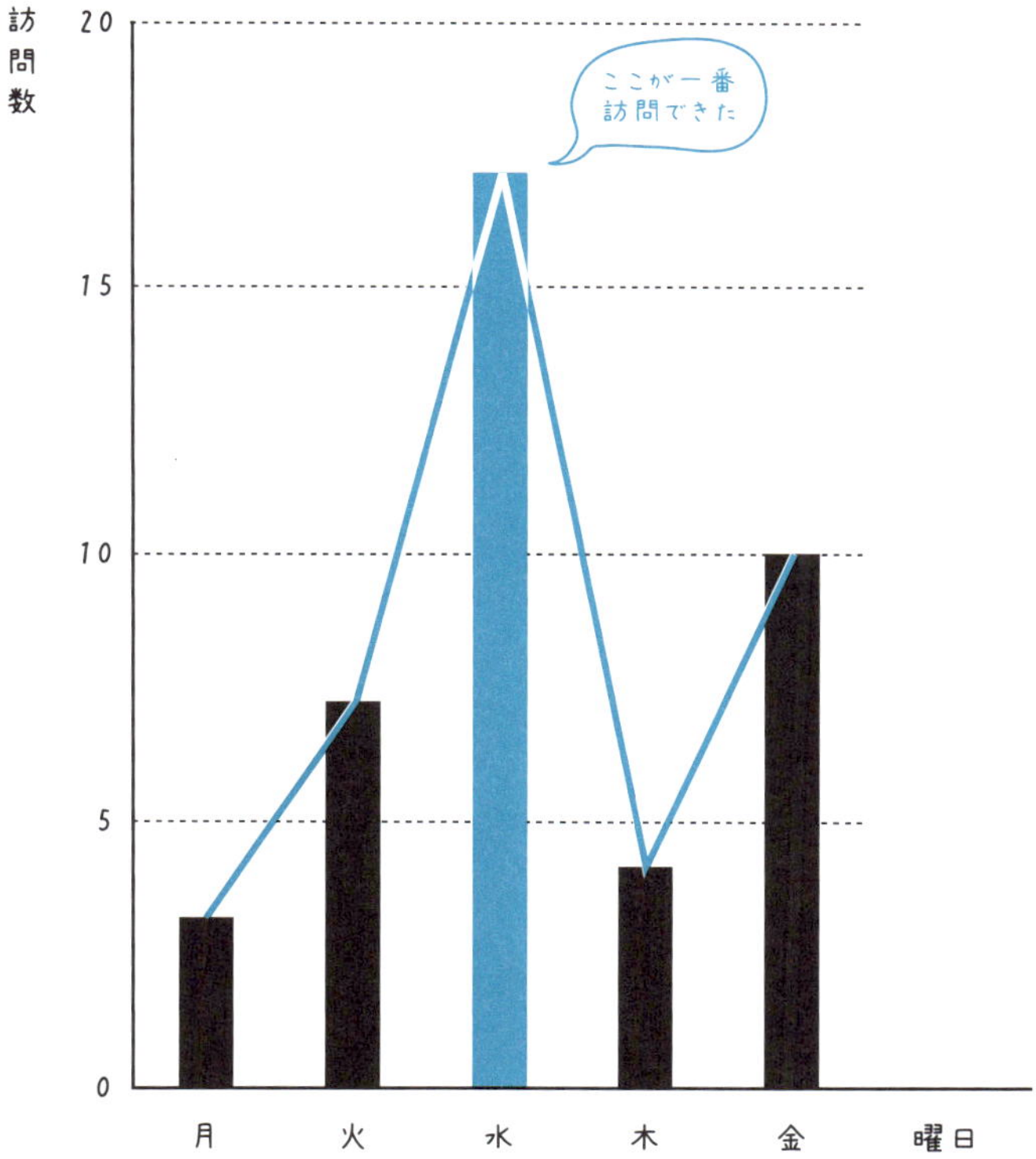

数字にすると部下の
行動が明確にわかるためほめやすい

教える技術

40

定期的なフィードバックで、総仕上げを

〝望ましい行動〟をした回数を計測し、グラフなどに記録したら、次はあなたがフィードバックをする番です。定期的に記録をチェックして、順調に行動していればきちんと部下をほめます。と言っても大げさに考える必要はありません。「よし、できてるな！」そうひと言告げるだけで充分です。

ところで〝定期的〟とは、どの程度のサイクルがよいのでしょう。**行動の「強化」は、その行動が行われた直後（60秒以内）に行うのがもっとも理想的です。**

相手が子どもの場合は、行動した翌日になって「昨日のあの行動はよかったぞ」などとほめても、「強化」になりませんが、大人の場合はもっとあとになってほめても、行動の直後に行う「強化」と同様の効果が得られます。

行動分析の実験によって、その限度は最長2週間程度だということが判明していま

す。評価されるのが1カ月先では、さすがに「強化」の効き目がないということです。**少なくとも2週間に1回は、部下と一緒に記録をチェックする機会を設けます。そしてどんなに忙しくても、設定したサイクルは守ること。**チェックしたり、しなかったりということでは、「強化」の効力が著しく弱まってしまいます。

以上のように、「結果」につながる〝望ましい行動〟を上司と部下、先輩と後輩で一緒にピックアップし、行動した数の計測、記録、フィードバックを行うことで、部下は〝望ましい行動〟を繰り返し継続し続けることができるようになります。

さらに、このプロセスを実行するメリットはそれだけではありません。

「それじゃあ、今月はこの〝行動〟にターゲットを絞って、がんばってみよう！」と、部下と上司が課題を共有して、それを確実に評価していくことで、両者の信頼関係がより強固になり、指導する内容が明確になるので、あなたの教え方やマネジメントのスキルが着実にレベルアップしていきます。

教える技術

41

部下や後輩に任せているか？

人材育成における視点のひとつとして、部下を持つみなさんが知っておくといいのが「プロンプト」「フェイディング」です。行動分析学でよく使われる用語です。

「プロンプト」とは、ある行動が起きやすいように補助してあげることを言います。

〝クイズの答えがわからなくて困っている人にヒントを出す〟といった言語的なものもあれば、〝逆立ちのトレーニングをしている人が、高く蹴り上げた脚をつかんで支えてあげる〟というように身体的なものもあります。

一方、「フェイディング」は補助を外す作業です。

プールで使うビート板や、幼児用自転車についている補助輪もプロンプトです。

では、自転車の補助輪は何のためにあるのでしょう？　ゆくゆくは、補助輪なしで乗れるようになるためです。水泳のトレーニングも、目指しているのは〝ビート板を使ってかっこよく泳ぐこと〟ではなく、ビート板を使わずに泳げるようになること。

しかし、いろんな会社を拝見していると、補助輪をつけたまま部下を走らせ続けている上司が非常に多いように感じます。

外部との打ち合わせに、いつまでも上司がついていっている。会議の資料づくりをゼロから部下に任せるべきなのに、常に上司が文書の構成を考え、メモ書きしたものを渡している……などなど。

たとえば、外部との打ち合わせに上司が同行しているケース。まだ部下が仕事を始めたばかりの時期であれば、プレゼンテーションなどの大事な場面で、上司がさりげなくサポートするというのはまったく問題ありません。

しかし、それはあくまでも部下が自分でプレゼンテーションできるようになるためのプロンプトですから、いつかは外さなければいけません。

新人のためのプロンプトには配慮していても、フェイディングには無頓着。

これでは、本当の意味での成長や自立が阻害されてしまいます。上司も部下も、無自覚のままプロンプトを外し忘れているケースが非常に多いので、ぜひこの機会に、あなたも点検してみてください。

教える技術

42

「強化」する行動は、綿密に選ぶこと

ここで、再度どなたでも問題点がわかりやすいよう、勉強をめぐる親子の話を分析します。きっとあなたも仕事の現場で、似たようなことを経験しているはずです。

まったく勉強していなかった小学生が、お母さんからひどく叱られ、「毎日30分だけは必ず勉強する。ゲームやテレビは、勉強を終えてから」というルールを決めました。本人はしぶしぶ勉強を始めたのですが、それまで日常的に勉強するわが子の姿を見たことがなかったお母さんは大喜び。毎日、30分間の勉強時間が終わる頃を見計らっておやつを持っていき、「えらいね」「がんばってるね」とほめ続けました。

1カ月ほど続いたある日、彼のノートをめくったお母さんはあまりにも汚く、判別不能な文字が並んでいたために驚きます。

しかし、ここまでの流れを行動科学の視点で見ると、「汚い字で勉強する」という行動を、来る日も来る日も「強化」していたのは、ほかならぬお母さんです。

つまり、彼女は「30分勉強している」ということにしか焦点を当てていなかったため、字が汚いにもかかわらずほめ続け、その結果「30分勉強する」と一緒に「汚い字で書く」という行動まで強化していたということです。きれいな字で書いてほしかったなら、その課題を二人で共有して、定期的にノートをチェック。「きれいに書けていたらほめる」ということをしなければいけなかったのです。

同じようなことは、職場でもよく起こっていて、たとえば「残業時間が長い＝よく働いている」「毎日のように外回りをしている＝いい仕事ができている」と安心しきっている上司が少なくありません。

残業時間が長いケースの場合は、就業時間中のスケジューリングに問題がある、企画書づくりで書類の体裁を整えることに必要以上に時間をかけている、資料が未整理なせいで何をするにも時間がかかっている……など、さまざまな理由が考えられます。

実は、特に新人のように仕事ぶりを頻繁にチェックしていない中堅社員が要注意です。ときどきは、小学生の〝ノートの中身〟にあたる、部下の〝仕事の中身〟にも着目してください。

CHAPTER 9

こんな場合はどうするか？

教える技術

43

どんな部下でも〝教え方の基本〟は共通だが

新しい仕事を教える、仕事の進め方や行動に対して指導を行う、あるいはもっと長いスパンで部下の成長をサポートするといった上司の任務において、何より重要なポイントは「行動」そのものに着目することです。

成果を上げるために必要な行動というものは必ず存在します。それができていない部下には、できるようになるまで教える。その行動の回数が足りない部下がいたら、増やすためのはたらきかけをする。望ましい行動が起こるのを邪魔する〝望ましくない行動〟をしていたら、それをやめさせる（もしくは減らす）。

こうした取り組みによって〝成果を上げるために必要な、望ましい行動〟が増えれば、必ず成果が得られるようになります。

このプロセスにおいて、部下の性格や心の強さ・弱さというのは、指導のターゲットではありません。ターゲットはあくまでも「行動」です。

たとえ部下が自分より年上であろうと、外国人であろうと、その「行動」に焦点を当てることで効果的な指導ができる、というのが私の主張です。

ただし、相手の特性や立場に合わせた配慮や気遣いをプラスすることは、コミュニケーションの円滑化にも、職場風土の健全化にも役立ちます。

たとえば私は、部下が男性でも女性でも決して差別はしませんが、区別はします。

重い物を持つ仕事は男性に任せますし、長時間、チーム全員で業務に取り組んでいて、「そろそろ順番に休憩をとろうか?」というときには、必ず女性スタッフたちに先に休んでもらいます。上司や部下が何人か一緒にエレベータを待っているというシチュエーションで、女性たちを差し置いてさっさと先に乗り込んでいく男性上司がたまにいます。ああいう行為は、私にはまったく理解できません。

特性や立場に合わせた配慮や気遣いの根っこにあるのは、相手に対する敬意なのです。部下に対する敬意を常に持ちながら、その人の「行動」に焦点を当てた指導や育成を行うこと。これが実践できるようになれば、あなたのリーダーシップやマネジメント力がさらにレベルアップすることは間違いありません。

教える技術

44

年上の部下

バブル経済の崩壊、リストラの拡大、ビジネスのグローバル化による競争の激化、ＡＩの登場などを背景に、思わぬ早さで進んだ年功序列システムの崩壊。

その結果、かつての日本企業では決してあり得なかった「年上の部下」を持つ、という事態が、今や少しも珍しいものではなくなりました。

では、年長の人間が部下となったとき、上司はいったいどのように部下を指導すればよいのでしょうか？

もっとも大切なのは〝上司と部下＝上下関係ではない〟という発想ではないか。私はそう考えています。

つまり両者の間にあるのは〝チームをまとめ、指示を出す人〟と〝現場で働いて成果を上げる人〟という、ポジションの違いでしかないということ。〝それぞれの長所を生かした配置がされているのであって、立場は同等なんだ〟という姿勢で取り組むことで、指示や指導をする際の〝迷い〟が払拭できることでしょう。

「○○さんは現場をお願いします。何か問題や課題が見つかったら、すぐにフィードバックしてください。調整や環境整備などは、私が責任持ってやりますから」

たとえ口には出さなくても、こういう気持ちを持って接すれば、同じプロ同士、それぞれの業務をスムーズに遂行できるはずです。

それからこれはちょっと書きにくいのですが、年長でありながら部下の立場になってしまったという人には、少し不器用なところがあるのかもしれません。あるいは、時間の使い方があまり上手ではない、という可能性もあります。

ですから、担当業務の量や範囲をあまり広げ過ぎないこともポイントです。

業務を絞る際には、本人が持っている強みや長所に着目し、それを最大限生かせるようなことを優先するとよいでしょう。

もちろん仕事でもオフでも、人生の先輩として敬意を払うことが大切なのは、言うまでもありません。

教える技術

45

中途社員

これまでのキャリアを買われ、「即戦力」として入社してきた人たち。

「すでに相当の経験を積んでいるのだから、〝仕事を教える〟ということにそれほど重きを置かなくてもいいのでは？」

そう思われる方がいらっしゃるかもしれませんが、**別の会社での経験があるからこそ、チェックしておかなければいけないことがあります。**

それはどこまで知っているか？　どこまでできるのか？　という問題です。

以前の職場が今の会社と同じ業界に属しているとしても、あるいは担当していた業務や職種が変わらないのだとしても、〝成果を上げるための行動（仕事のやり方）〟がまったく同じ、ということはあり得ませんし、会社が違えば業務に関する用語の使い方が異なっていることも多いのです。

まずは、先にご紹介した、教える技術17を参考に、その部下の「すでに知っている

こと／知らないこと」「できること／できないこと」を割り出してください。そして知らないこと／できないことがあれば、確実に教えることです。これがひとつめのポイントです。

このように、経験のある人に、基本的な知識や技術の有無を確認したり、教えたりすることには、多少なりともためらいを感じることでしょう。

しかし日頃の業務をこなしながら、「こんな基本的なこと、質問しにくいなぁ」「○○という用語の使い方が、この会社と前の職場では違うのかも……」など、密かに悩んでいる中途社員は実は意外と多いものです。

2つめのポイントは、劣後順位を徹底すること。劣後順位とは**教える技術**25でお話ししたように、やらなくてもいいことです。中途社員は以前の職場でのやり方をベースに、行動（仕事）の優先順位を決めています。そのなかに、あなたの会社では「やってほしくないこと」「やってはいけないこと」が含まれている場合があるので、その場合は「○○と△△はやらなくて結構です」と、はっきり伝えましょう。

3つめは、自分の相談相手としてさまざまな場面で意見を求めること。信頼関係が深まるうえに、他社で経験を積んだ人ならではのアイデアがもらえるはずです。

教える技術

46

理想と現実のギャップに悩む新人

あなた自身の経験を思い出していただいてもわかる通り、多くの新入社員は、その会社の理念や将来的なビジョン、尊重する価値観、社会貢献に対する考え方などに共感し、あるいは経営者の「想い」に惚れ込んで入社してきます。

ところが、実際に入社してみると、そこに崇高な理念や思想は微塵も見当たらず、あるのは売上げ目標の数字や、コスト削減のための事細かなルールといった、極めて現実的なモノばかり。

このいわゆる理想と現実のギャップを目の当たりにして、一部の新入社員は、「自分はいったい何のために入社したんだろう……」と悩んだり、働く意欲を失ってしまったりするのです。

こういった事態を回避するため、新人には企業理念と日々の業務との関係について、ことあるごとに少々しつこいほど説いておく必要があります。

・キミの毎日の業務と、会社が掲げている大きな理念。まったく無関係に見えるかもしれないけれど、実際には密接につながっている
・会社の理念を実現するためにやらなければいけないことを細かく（行動に）分解したものが、それぞれの部署やチームに課せられている
・キミを含むすべての社員が、日々の行動を積み重ねることによって会社の売上げや利益が伸び、そのおかげでお客様や社会への貢献が可能となり、それがひいては会社の理念やビジョンを叶えることになる

新人に対してこういう話をすることの重要性を、社内で新人を指導しているリーダー全員が共有できると理想的です。「企業理念なんて絵空事。要は利益が上がればいいんだよ」などと言うリーダーがいたら、指導された新人は将来リーダーになったとき、自分の部下に向かって同じような指導をするかもしれません。

やがてリーダーになる彼らのためにも徹底した指導をしてください。

教える技術

47

能力の高いできる社員

結論を先に言うと、たとえ優秀な部下であっても、仕事を任せっぱなしにしてはいけません。**上司がまったく関与しなくなると、その社員のパフォーマンスは必ず落ちます。**

そもそも「部下に仕事を任せる」とは、どんなことだと思いますか？

あえてきつい表現をすると、上司は自分の仕事を部下にやらせているということです。ですから、上司が自分の仕事の進み具合をチェックするのは当然、というのが大前提となります。

また、セルフマネジメントというのはとても難しいものです。もともと人間というのは、できるだけ楽な方法で成果を出そうする動物なので、何かのはたらきかけや仕掛けがないと、どうしてもサボってしまいます。そういったものなしでセルフマネジメントできる人は、ほんの3～5%程度ではないかと言われているほどです。

そこで上司であるあなたに必ずやっていただきたいのが、不定期のチェック。

まだ仕事が十分にできない社員に対しては、必ず定期的なチェックが必要だということをご説明しました。

すでにその仕事に熟達していて、きちんと成果を上げている部下に対しても同様の頻度でチェックを行うと、かえって意欲をそいでしまう可能性があるので、ときおり抜き打ちで「この間お願いした件の進捗状況、ちょっと見せてくれるかな？」などと声をかけるのがよいでしょう。

そして順調に進行しているようであれば、必要な「行動」ができていることを明確に認めてあげる。それに加えて「さすがだな」「やはりキミは任せるだけの価値があるね」などと、**本心からのねぎらいができればベストですが、そんなことは、照れくさくてできないというのであれば、大きくうなずくだけでもかまいません。**

このように、優秀な社員には「私はこの上司から信頼されているのだ」と実感できる機会をときおり設けることが、たいへん重要です。

教える技術

48

アルバイト・派遣社員

人気のアパレルショップや熱烈なファンを持つテーマパークなど、確固たるブランド力を持つ企業は別にして、ごく一般的な会社にアルバイトとして応募してくる人のほとんどは、その会社の理念やビジョン、ミッションなどにひかれて、そこを選んだわけではありません。

おそらくは時給や勤務条件、自分に合った業務内容かどうかといったポイントをもとに、応募先をピックアップしているはずです。

そういう人たちに仕事を教えて確実に習得させ、その人が持つ最高のパフォーマンスを発揮してもらうにはどうしたらいいのでしょうか?

社員であれば、会社の理念やその人が仕事を通じて達成したい目標によって、行動の確立操作(行動を起こしやすくするはたらきかけ)を行うのが効果的ですが、**アルバイトの場合は自分の仕事に対する「やりがい」を持てるようにするがベストです。**

そのための方法としてもっとも有効なのは、仕事の全体像とその人の位置づけをきちんと説明することで、本人に〝自分の必要性〟を強く感じとってもらうこと。

「あなたがやってくれた仕事は、〇〇さんにつながったあと、こういう部署へと受け渡され、最終的にはこんなふうに完成するんです」と、当人をとりまく人間との関係性と、業務全体の最終的なミッションをわかりやすく伝えてください。

一方、派遣社員の場合は、基本的には〝その業務のプロ〟がやってきているのですから、仕事のノウハウを事細かく教える必要はありません。

しかしその人に求めることが、それほど時間的制約も厳しくないルーティーンワークではなく、**ある程度困難な目標をクリアしてもらわなければならないというタイプの仕事であるなら、コミュニケーションを十分にとらなければなりません。**

相手の私生活に入り込むのではなく、あくまで「行動（仕事ぶり）」に着目した声かけをするとよいでしょう。

〝やりがい〟を感じ取ってもらえるようなはたらきかけや配慮が大切であることは、アルバイトの方々と同様です。

教える技術

49

外国人

外国人の部下を指導するときに何より大切なのはコミュニケーションです。そんなのわかっていると読者のみなさんのなかには感じた方がいらしゃるかもしれません。

では、その留意点は何だと思いますか?

こんなふうに言うと驚かれるかもしれませんが、外国人とコミュニケーションをとるときのいちばんのポイントは、言葉に頼り過ぎないことです。

日本は基本的に同一言語によって成り立っている国だということもあり、言葉にはとても大きな力があると考えがちです。

一方、言語も、民族も、文化も、価値観も違う人同士が共存しているのが当たり前、という環境で育った人たちは、「言葉は伝わらないものだ」ということを前提に、「では、いかにしてコミュニケートするか」と考えています。

それから、私は仕事上いろいろな国の人々と接しますが、日本人と働く外国人からよく聞くのは、「日本人は表現が曖昧で、結局のところ私に何をしてほしいのか、わからないことが多い」という意見です。

さて、そうした背景をふまえたうえで、外国人の部下にどう接すればいいのでしょう？　その**基本は、「行動」に基づいた指示をはっきりと出すことです。**

こんなエピソードがあります。ある国に工場をつくった企業が、現地の言葉をまったく喋れない日本人を支社長として送り込んだのだそうです。

普通に考えれば、まずは言葉や文化を学び、現地の生活に溶け込んでから本格的に仕事を始めるという段階をふむと思うのですが、彼はいきなり仕事を開始しました。部下がした行動（仕事）に対する「イエス（それは正しい）」「ノー（間違っている）」と、「ほめる言葉」「禁止させる言葉」の4つだけを使って、現地の社員に仕事の指導を実施したところ、1年間で売上げが1・3倍アップしたのです。

つまり仕事というのは、行動に着目するだけで成果が出るということです。

言葉に頼らないコミュニケーションについては、「視覚支援」のノウハウがとても参考になるはずです。後ほど**教える技術**58で詳しく紹介します。

教える技術

50

「ハラスメント」に気をつける

今、多くの組織が「ハラスメント」の問題に注意を払っていることでしょう。無理に部下を飲みの席に誘う、厳しい言葉を投げかける、「男だから・女だから」と差別したり、性的な嫌がらせをする。当然のように、これらはすべてハラスメントとされます。

程度の差こそあれ、かつての職場では「それほどのこと（相手が嫌がるようなこと）ではないだろう」と捉えられていた言動も、今は大問題となるハラスメントにあたるということは、多くのトップが理解していることでしょう。

こうした問題に組織全体で対応することも重要ですが、まず教える側である上司一人ひとりが忘れてはならないのが、**「相手の『行動』のみに着目する」**ということです。ここから逸脱して、**相手の人格や性格、業務に関係のないことにまで言及したりするのはNGです。**

「あなたの仕事に対する態度は本気さが伝わらないよ」「もっとやる気を出してもらわないと」「本当に、だらしない性格だなあ」

こうした叱責は、相手の行動そのものではなく「内面」に言及したものです。

「この書類のここはこう書いてください」「○時までに資料を用意しておいてほしい」「訪問数を現在の3社から5社に増やすように」など、増やしたり改善したりしてほしい行動は具体的にどんな行動なのかを指摘することがポイントです。

ハラスメントと聞くと、厳しい言葉遣いでの指導や難しい仕事を与えるというように「部下に厳しくしたから、そう受け止められた」と考える人も多いかもしれません。**しかし実はその逆のケース、「部下にやさしくしたつもりなのに、ハラスメントの扱いを受けた」と捉えられるということもあります。**

たとえば、せっかく一生懸命仕事に取り組み、1日でも早い成長を望んでいる部下に対して「適当にやっておけばいいから」「あとは自分がやるから。おつかれ」なんて言葉をかけても、相手によっては「成長の機会を奪われた」「できない人材だとバカにされた」と受け止められてしまうこともあり得るのです。

「がんばっているね」

「この前より早く処理できるようになったじゃないか」

「さすが経験を積んだだけのことはあるね」

ただ「甘やかして仕事をさせない」のではなく、成長を望む相手には行動を後押しするこのような言葉をかけるべきでしょう。


〝相手が仕事に対して何を望んでいるか？〟を把握して、〝相手の望みを阻害しないこと〟もまた、指導がハラスメントと受け取られないためのポイントです。

教える技術

51

リモートワークで特に気をつけること

２０２０年からのコロナ禍を大きなきっかけとして急速に普及した働き方に「リモートワーク」があります。

通勤・移動に充てていた時間を仕事に使うことができるという生産性アップがメリットとして挙げられる一方で、管理職にとってのデメリットとして「部下とのコミュニケーション不足」があります。

相手の動きや表情を見て、そのつど行動を修正するといった「場に応じた指示」ができなくなるのです。

しかし、教え方の基本はリモートワークも、リアルの現場と同様です。

ひとつは望ましい行動を「強化」するために、行動の結果を望ましいものにする、つまり「ほめる」ということ。

もうひとつは、教える技術36でもお伝えしたように、「誰がほめるか（叱るか）」を

重視して、相手に「私はキミのその行動を認めているぞ」というサインを届けるということです。

コミュニケーションの回数自体が減ってしまうリモートワークにおいては、特にこの2点には注意するようにしましょう。

相手に対して「よくやったね」という称賛を送ることや、「あなたのおかげで助かったよ」というような感謝の言葉を伝えることを忘れてはなりません。

教える技術 52

リモートでも信頼関係を築くために

行動科学マネジメントでは、信頼関係の構築のために重視すべきは、相手との「コミュニケーションの頻度」とされています。

わかりやすく言えば、たまに長く深く話すよりも、**「毎日のちょっとした声かけのほうが大事」ということです。**

心理学者ロバート・ザイアンスの「ザイアンスの法則」というものを聞いたことがあるでしょうか。「人間は接触回数が多いほど相手に対して親近感を覚える」「相手の人間的な部分を見ると好意を持つ」というもので、営業のスキルとしてよく使われることで有名です。

これは部下との信頼関係の構築の際にも役に立ちます。上司と部下の接触回数が多いほど、お互いに親近感、好意を抱くのです。

「コミュニケーションの頻度を高めて信頼関係を構築する」と聞くと、何だかとても難しいことのように感じるかもしれませんが、そんなことはありません。「毎日部下に声をかける」。これだけでいいのです。

リモートで仕事をしているメンバーには特に大事になります。

「いや、そんなことはとっくにできている」と思っている上司も、実は第三者が観察してみるとほとんど声をかけていない、ということもしばしばあるものです。そこで、上司は自分が1日のうちにどれだけ部下一人ひとりに声をかけているかをメジャーメント（計測）する機会を設けるべきでしょう。案外声をかけていないメンバーがいる、ということに気づくかもしれません。

コミュニケーションの頻度を高めるためにぜひ取り入れていただきたいのが、**私が提唱する「1分ミーティング」という習慣です。**

単純に「毎日1分間、部下と話す」というもの。

このときのポイントは「自分から声をかける」こと。「自分からわざわざ声をかけるなんて、立場上おかしいだろう」なんて考えは捨ててください。率先して自分から行動することで、相手もあなたに共感を示すようになるでしょう。

話す内容は「今日は何を進めるの？」「あの仕事はどうなった？」「困ったことはない？」など、簡単な声かけから始めるものでけっこうです。ミーティングとは言っても、別に特別な場所を設ける必要はありません。上司が部下のところへ行って声をかけるだけです。ポイントは「毎日行う」ということ。

リモートで仕事をしているメンバーに対してはこうした毎日の声かけは必須です。朝の電話はもちろん、Zoom や Microsoft Teams などで顔を見ながら話せたらいいですね。

特別に個人面談の機会を設けるよりも、毎日の声かけがお互いを知り、相手を認め、行動を把握することになります。

ぜひあなたの職場にも取り入れてみてください。

CHAPTER

10

大人数に教える場合

教える技術

53

聞き手の頭のなかにフレームをつくる

大勢の前で話すという役割を与えられると、人は〝とにかくひとつでも多くのメッセージを伝えなければ〟と、考えがちです。かつては私もそうでした。

子どもの頃のことを思い出してください。こんな経験はありませんか。朝礼での校長先生の話や学校行事の来賓の話が、長くて退屈で、ひとつも頭に入らなかった……。

彼らの話し方には〝伝えたい内容を、ただただ羅列するように喋り続ける〟という共通点があります。

すると聞いている側の頭のなかは「この人は何を言いたいのだろう?」「あれ?さっきまでの話は何だったの?」「いつまで話が続くの?」と「?」だらけになり、初めての土地に、地図も持たずに放り出されてしまったかのように、路頭に迷ってしまいます。

必要なのは、**聞き手の頭の中にフレームをつくってあげることです。**

私はセミナーなどで、まず最初に「今日は〝○○〟と〝△△〟と〝□□〟という3つのことについて話します」と切り出すことがよくあります。

そうすると、聞き手はあらかじめ頭のなかに〝○○〟と〝△△〟と〝□□〟というフレームを用意することができますから、あとはそれぞれの詳しい内容を、そのフレームのなかにはめ込んでいくだけです。

話を聞いた人が、その内容をあとから整理するのではなく、初めから整理した形で情報が届くので、格段に理解しやすくなります。

あるいは、ガイドマップをイメージして、話を組み立てることも有効です。

「今日の勉強会のゴールはここで、今私たちはここにいます。〝○○〟〝△△〟〝□□〟という3つの課題をクリアして、ゴールを目指しましょう」といったふうに全体像を提示すれば、学習への集中度は大幅にアップします。

こうした手法は講演会や勉強会はもちろん、会議や打ち合わせでも有効。フレームやガイドマップの概念を活用し、参加者全員の思考をすっきり整理しましょう。

教える技術

54

なぜ書かせるか？　何を書かせるか？

セミナーや勉強会に参加して、やたらとノートをとらされた経験はないでしょうか。講師がホワイトボードに書き連ねることを、ひたすらノートに書き写す……。全員が一生懸命ノートをとっている光景は、熱心に勉強しているという雰囲気を醸し出すので、あたかもその会が順調に進み、参加者たちが多くのことを学んでいるように思いがちですが、残念ながらそうではありません。

こういった学びの場において、焦点を当てるべきなのは○○という概念を理解する、△△のルールを覚えるといった行動であって、何でもかんでも書き写すということは、本来の目的とは関係のない「無駄な行動」です。

ですから、**限られた時間のなかで指導や講義を行うときの書かせるというはたらきかけについては、戦略的に考えなければいけません。**

ここでちょっとワークをしましょう。

①次のページを開いて欄外にある数字を10秒間見てください。

②172Pの欄外にある問いに答えてください。

③173Pの欄外にある数字を3回ここに書き写してください。

④書き終えたら、177Pの欄外にある問いに答えてください。

いかがでしたか？

おそらく、ほとんどの方は3回書き写すという作業をしたほうが、数字の並びが頭のなかにしっかり入ったのではないかと思います。

つまり〝書く〟という行動は、〝覚える〟という行動と、非常に密接な関係があるということなのです。

ですから、覚えさせたいことがあるなら「その部分を学び手自身に書かせる」ということが、学びの場での絶対的なルールです。

もうひとつ、〝書く〟という行動と深く連動するのが〝考える〟という行動。

たとえば、学校の算数の授業で「この問題の解き方は非常に重要なので、先生が説明しながら解いていきます。みなさん、しっかり黒板を見て、覚えてください」と言って、解答プロセスをどんどん黒板に書いていく先生がいたとしましょう。

子どもたちは、すっかり理解した気になるでしょうが、実のところまったく理解も記憶もしていません。なぜなら、自分で解く（書く）ということをしていないからです。

教え方が未熟な先生ほど、こういう授業をする傾向があります。

さほど重要でないことや、みんながすでに習得していて簡単に答えられることばかり書かせて、肝心の覚えてほしい重要なポイントは書かせないのです。

また、これは会議や打ち合わせなどの場面でよくあるのですが、部下に向かってまるで口癖のように「考えろ」「考えろ」と言う上司の方がいらっしゃいます。

ただ単に考えろと言っても逆効果です。考えさせたいのであれば、何かしらの仕掛けやはたらきかけが必要になります。

たとえば、「今年の4月末までの目標を達成するために、どんなアクションが必要だと思うか？　思いついたことを書き出しなさい」と具体的に指示すればいいのです。

そうすれば、指示されたほうは懸命に考えて、それを文字にするでしょう。

このように、覚える・考えるといった行動と密接に関連している「書く」という行動を、**セミナーや勉強会といった学びの場に取り入れる際には、「何のために書かせるのか？」「何を書かせるのか？」を綿密に考えて選びましょう。**

その際、私が決めているルールは2点です。

1 覚えてほしいキーワードは穴埋め式で書かせる

貴重な時間を、板書に費やすのはこの上なくもったいないことです。必要な情報はあらかじめプリントにまとめておき、重要なポイントや用語など、ぜひ覚えてほしいことは本人が書き込めるよう、空欄にしています。

2 考えてほしいときは自由記述

セミナーや勉強会に出席するいちばんの目的は、そこで学んだことを自分の仕事や生活で生かすこと。そのためには〝学んだこと・覚えたこと〟を自分自身の問題に落とし込む作業が欠かせません。

私がセミナーの参加者に〝自由記述欄に書く〟という行動をしていただくときは、必ずそういう視点でテーマを決めています。

※左から3番目の数字は何でしたか？

教える技術 55

石田式セミナーの法則

ここでは、私がセミナーや講演会に際し、さまざまな要素（印刷物／スライド／話す／書かせる／読ませるなど）をどのように使い分け、相互を関連づけているかということを中心に、４つのポイントをご紹介します。

社内での勉強会、講習会はもちろん、社内外での会議やプレゼンテーション、発表会などにも応用できるのではないかと思います。

1 話すことだけに頼らない

ある程度の時間をかけ、それなりの量の情報や知識を伝える〝会〟の場合、すべてを口頭で伝えようという考えはまず捨てましょう。

いちばんの理由は、聞き手が飽きてしまうということ。話し手が噺家やトークのプロであれば、巧みな話術で参加者の興味を惹きつけ続けることができるかもしれませ

9682134295

んが、それ以外の人には無理なこと。私だって自信がありません。

もうひとつの理由は、話す以外にも情報の伝え方にはいろいろあり、それを巧みに組み合わせることで、学習効果をもっと高めることができるためです。そのうえで口頭で話すべきことは何か？　について考えましょう。

2 プリントとスライドを使い分ける

あらかじめ文字や図が書かれていて、学び手はそれを見るという点ではプリントもスライドもほとんど同じですが、私はあえて使い分けています。

スライドを使うという視点からお話しすると、私がスライドを使う理由のひとつめは、〝参加型〟のような雰囲気を取り入れたいときです。

「それではプリントの●ページの図4を見てください」というよりも、「スライドのこの図を見ながら、みなさんで考えてみましょう」と言ったほうが、参加意識を強めたり、参加者同士の一体感を高めたりできます。

2つめは、プリントに書かれていることの概要やまとめをスライドにするというパターンです。「そちらのプリントにいろいろ書いてありますが、そこからポイントだけをピックアップしてまとめたスライドがありますので、こちらをご覧ください」などと言ってスライドを見せます。

それを見て、メモをとったり、プリントの該当する箇所にラインを引いたりすることで、重要な部分がしっかり認識できますし、会が終わったあとの、プリントを見ながらの復習にも役立ちます。

3 書かせる・読ませる

一方的に情報発信するだけでなく、学び手にも参加してもらうことが大切です。

これは、誰もが知る常識でしょう。しかしながら、「どんな内容について、どういう参加の仕方をしてもらえば、もっとも効果的か？」ということは一切考慮せず、とにかく楽しい参加型メニューを考えることに注力している人が見受けられます。

そうではなく、それぞれの行動の特徴を考え、戦略的に振り分けていきましょう。「書かせる」は先に書いた通り重要なポイントを覚えさせたい、教えた内容について深く考えさせたいというときに向いています。

「読ませる」は、主に学び手に知識を吸収してほしいときのはたらきかけです。

4 話す内容を振り分ける

先に説明した通り、基本情報はプリントやスライドに前もって掲載することを基本にしています。

その上で、あえて「話す」に振り分けているのは、**①「ここが大事なので覚えておいてください」などと強調すること、②教えた内容をよりわかりやすくするために事例を紹介すること、③参加者の業種や職種、階層ならではの活用ポイントを提示すること、という3点です。**

このように情報をプリントやスライドに振り分け、「書かせる」「読ませる」を取り入れることで、「話す」が担う割合は思いのほか軽くなります。話すことが苦手だと思っていらっしゃる方も、ぜひ自信を持って取り組んでください。

教える技術

56

学習効果を高める9つのはたらきかけ

何かを習ったり学んだりしているとき、目や耳から入った情報は脳のなかで次々と処理されていくわけですが、この脳内での情報処理のプロセスを支援するような教え方ができると、学習の効果はさらに高まります。

そこで、ここでは教育心理学者のロバート・ガニェ博士が提唱した「ガニェの9教授事象」をご紹介しましょう。このなかには脳内の情報処理をサポートする効力が特に高い9つの教授事象（はたらきかけ）がピックアップされています。

部下や後輩の育成にはもちろん、セミナーやプレゼンにも効果があるポイントが随所にあります。

1 指導に注目させる～Gain attention～

まずは、学び手の意識をこちらに向けさせます。

※左から5番目の数字は何でしたか？

「では、始めますよ」という声かけでもいいのですが、多くの人を相手にする講義やセミナーであれば、いきなり実演を始める、短い動画を見せるなど、新奇性（もの珍しさ）を利用するのもひとつです。マンツーマンの場合、教える内容と関係する〝ちょっと突飛な質問〟を投げかけると、これから学ぶことに対する好奇心を引き出せる可能性も大きくなります。

2 学習のゴールを示す～ Describe the goal

その指導や学習によって身につく知識や技術を、「今日は○○に必要な専門用語を覚えてもらいます」「これから練習するのは○○のためのスキルです」といったふうに、指導を行う最初の段階で伝えます。**それによって適度な期待感が生まれるので、学び手の学習に対する集中度や意欲はさらに高まります。**

「技術」を教える場合なら、上司が実際にやってみせるのがもっとも効果的です。

3 必要な知識を思い出させる～ Stimulate recall of prior knowledge

新たな内容を教えるとき、多くの場合は「かつて学習した知識」が必要になります。

たとえば、新製品発表会でのプレゼンテーションをトレーニングするには、製品のスペックやスライドの使い方を知っていることが前提です。

こうした、かつて学習した知識は、脳の「長期記憶」という場所にしまい込まれているので、それを思い出させて自由に活用できる状態にします。

4 学ぶ内容を提示する～ Present the material to be learned

「新しいことを教える」という、指導のメイン・プロセス。

口頭であるいはプリントなどで、教えたい内容を相手に伝えます。指導者が実際に手本を見せるのが最適なケースもあるでしょう。

ここで注意したいのが、**〝重要ポイントを際立たせる〟〝教える内容を絞る〟の2点**。その理由は、記憶の仕組みと深く関わっています。

人は目や耳で感知した情報を、まずは「短期記憶」という場所に格納します。ただし、そこに蓄えられる情報の量は限られているので、格納にあたっては情報の取捨選択が行われているのです。

取捨選択のルールは、自分に有利な情報や、必要性の高い情報だけを格納し、それ以外は無視するという、実にシンプルなものです。

ですから**「絶対に覚えてほしいこと」を確実に短期記憶に取り込ませたいなら、その重要ポイントをはっきりと際立たせることが大切です。**

プリントやスライドは、該当する部分の文字を大きくする、太字にするといった加工を。口頭で教える場合は、声の大きさや抑揚を調整したり、「ここが大事ですよ」と付け加えたりするとよいでしょう。そうすることで「あっ、これは必要性の高い情報だな」と感知され、短期記憶に優先的に送り込まれるようになります。

教える内容を絞る理由は、短期記憶の情報格納量が限られているからです。一度に教えるのは最大3つまでに絞ります。

さらに、あらかじめ内容を整理しておく、できる限り簡潔な表現にするということに配慮すれば、短期記憶に格納される確率は飛躍的に高まります。

5 学習の手引きを提供する～ Provide guidance for learning

これは短期記憶に保持されている情報を、長期記憶へ移すというプロセスを支援するはたらきかけで、「表現を変えて説明する」「実例を紹介する」「たとえ話をする」「すでに知っていることと関連づける」など、さまざまな方法があります。

ここでのポイントは、「何度も繰り返す」「新たに学んだ情報を、より意味のある情報にする」の2点。

なぜ何度も繰り返すことが有効かと言うと、「短期記憶」はその名の通り、ほんの短い時間しか情報を蓄えておけないから。何のはたらきかけもしないと、20秒以内に消失してしまいます。

より意味のある情報にするのは、そうすることで「長期記憶」がその情報を受け入れやすくなるからです。学び手がすでに知っていることと関連づけたり、たとえ話を使ったりと、手を替え品を替え教えることで、新しく学んだことの意味や定義がどんどん強固になります。

6 練習させる～Elicit performance "practice"

教えたことが正しく伝わっているかどうか確認します。

スキルを教えている場合は実際にやってもらい、知識を教えている場合はミニテストやクイズなどを実施してください。

7 有益なフィードバックを与える～Provide informative feedback

6．で行った実技・ミニテスト・クイズに対して正解かどうかが本人にはっきりわかるようにフィードバックします。

ここでの目的はきちんと伝わったかどうかをチェックし、誤解や抜け落ちを修正することです。部下に対する評価ではないことを忘れてはいけません。

8 学習の成果を評価する～Assess performance

学び手が覚えるべきことを確実に覚え、身につけるべきことを確実に身につけたかどうかを、テストなどの方法で確認します。

こうした確認は、指導を行った**直後だけでなく、間隔をあけて何度か行うのが理想的です。**

9 学んだことを使いこなせるようにする～Enhance retention and transfer

retention は記憶、transfer は学んだことをさまざまな状況で使いこなせることを意味しています。

この2つをさらに高める（＝Enhance）には、**適度な間隔をあけて反復練習を行う**ことです。

その際には、毎回シチュエーションやテーマを変えながら課題を与えることがとても有効です。

ぜひ、この9つをあなたの「教え方」の向上のために生かしてください。

教える技術

57

勉強会などの構成の組み立て方

リーダーや管理職であるみなさんは、大勢の人たちを対象にした勉強会やセミナーのような会で、話をする機会も多いのではないでしょうか。また、今は機会がなくてもこれから増えてくるという方もいらっしゃるでしょう。

そんなとき、まず考えなければいけないことは全体の構成です。

私自身がセミナーや講演会の構成を考えるとき、参考にしている2つのルールがあるので、ここでご紹介しましょう。

1 基本：応用：発展＝6：3：1

この「6：3：1」という数字は、時間の配分を意味しています。

仮に100分の勉強会だとすると、最初の60分は基本、続く30分は応用、最後の10

分は発展というように、話す内容のレベルを調整します。

たとえば行動科学の勉強会なら、最初の60分間で基本的な内容を話し、「では今まで学んだ行動科学の基本理論をもとに、実際の現場ではどのように活用できるか、みなさんで考えていきましょう」と応用に進みます。

基本編で「行動科学って意外と簡単だなぁ」という印象を持った人も、応用編で自分の問題へ落とし込む作業をすると「えっ、どうすればいいんだろう?」と考え始めるのです。そういう機会を持たせることがとても重要です。

そして、最後の10分では、かなりハイレベルな内容や難解なテーマを話します。簡単な算数を学んでいたのに、最後は微分積分の話をポンと持ってくる。このくらい飛躍のある内容がいいでしょう。

なぜそんなことをするかというと「今、学んだことは、将来こういったことにまで結びつくんだな」と学び手にイメージさせるためです。

すると学んだ内容に対していっそう興味を持ちますし、自らさらに深く学ぼうとする人が現れる可能性が高まります。

2 90／20／8法則

マインドマップの開発者である英国の教育者トニー・ブザン氏によると、セミナーや研修などで、参加者が理解しながら話を聞ける時間は平均90分、記憶に残しながら聞けるのはたったの20分だということです。

このデータに基づいて人材開発分野の第一人者ロバート・パイク氏が開発したのが、この90／20／8法則です。彼は以下のようなことを提案しています。

- **研修は90分以上連続して続けない**
- **少なくとも20分ごとに形式に変化を与えたり、研修のペースを変えたりする**
- **8分ごとに参加者を研修に参画させる**

このなかで特に私が重要だと感じていることは、参加者自身が参画できる機会を研修の随所に設けるということです。

ただひたすら話を聞き続けるのではなく、話を聞いたりスライドを見たりして学んだことを自分の問題に落とし込むためにも、からだを動かして「書く、読む、ワークショップを行う」といったことを挟むことで、飽きることなく集中してセミナーを受けられるでしょう。

教える技術

58

写真や絵を活用して教える

仕事のやり方を教えたり、何かの指示を与えたりするとき、多くの場合は「言葉」を使って口頭で説明しますが、**内容によっては絵や写真といったビジュアルで見せたほうがわかりやすいことがあります。**

ビジュアルで仕事の手順や重要な指示を伝える際に、とても参考になるものに「視覚支援プログラム」という教育法があります。

これは１９６０年代にアメリカで体系化された、自閉症児のための治療教育法「TEACCH プログラム※」などで活用されている学習法です。

自閉症やアスペルガー症候群などの子どもたちは、視覚によって学習する能力がすぐれているため、絵や写真を使うことでスケジュール（その日１日の計画、１週間の活動の流れなど）や手順（手の洗い方、身支度の順序、買い物の仕方など）を教えたり、伝えたりすることがスムーズになるのです。

※TEACCH = Treatment and Education of Autistic and related Communication handicapped Children =自閉症及び関連するコミュニケーション障害の子どものための治療と教育

この支援プログラムのような試みは、ビジネスの世界でも広がっており、多言語の人種が一緒に働くことの多いアメリカでは、製造業やサービス業の現場で、仕事の工程を「視覚支援プログラム」のようなスタイルで明示するところが増えています。

わが社では、20年以上前から視覚支援プログラムを導入しています。

「朝、出社後にすべき仕事」や「社員で共用している文房具の収納場所」をビジュアル化することで、**入社したての社員を含め全社員「誰がやっても同じ結果が得られる」ようになっています。**

グローバル化にともない、職場に外国人を迎えることが珍しくなくなった今、どの企業も検討してみる価値のある試みではないでしょうか。

■わが社が行っている視覚支援プログラム

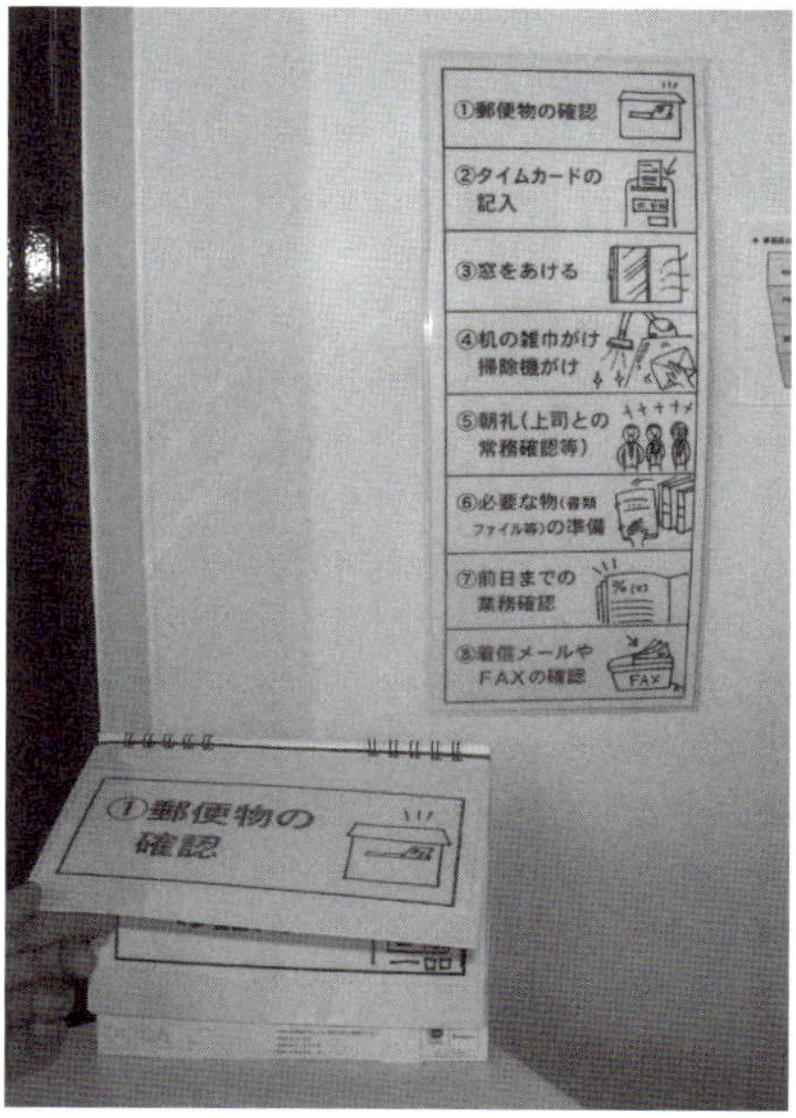

作業工程を写真やイラストで視覚的に理解させる仕組み

誰が行っても、
同じ行動を短期間で覚えることができる

■あるサービス業が実際に行っている視覚支援プログラム

① 予約のお客様が来られたら、担当は全ての業務をやめて、外に向かう。

② お客様が駐車場に車を停めるまで待つ。

③ 車と入り口の中間まで来られたら、「お待ちしておりました」と言い、45°のお辞儀をする。

④ 入り口を開け、お客様を店内に誘導する。

⑤ 店内のスタッフに、お客様が来られたことを伝える。

⑥ スタッフ全員がお客様の方を向き、「お待ちしておりました」と言い、30°のお辞儀をする。

ビジュアル化して業務をわかりやすく伝えている

■P62の答え

ペットボトルの水をコップに注ぐ行動の分解

1. ペットボトルを見る。
2. ペットボトルに利き手と反対の手を伸ばす。
3. ペットボトルをつかむ。
4. ペットボトルを引き寄せる。
5. 利き手でキャップをつかむ。
6. キャップを時計と反対回りに回して開ける。
7. キャップをテーブルに置く。
8. 利き手でペットボトルをつかむ。
9. ペットボトルを上げる。
10. 利き手と反対の手でコップをつかむ。
11. コップを引き寄せる。
12. ペットボトルをコップの上に移動させる。
13. ペットボトルのくちを下にして傾ける。
14. 水が少しずつ出てくる角度で止める。
15. コップとペットボトル交互に見る。
16. コップの八分目くらいまで水が入ったら、ペットボトルを垂直に戻す。
17. 利き手と反対の手をコップから離す。
18. ペットボトルをテーブルの上に置く。
19. ペットボトルから手を離す。
20. 利き手でキャップをつかむ。
21. 利き手と反対の手でペットボトルをつかむ。
22. キャップをペットボトルのくちまで移動する。
23. キャップをくちにかぶせる。
24. キャップを指でつかむ。
25. キャップを回して閉める。
26. キャップから手を離す。
27. ペットボトルから手を離す。

「Tシャツを着る」行動を分解

1. Tシャツを見る。
2. 両手をTシャツに伸ばす。
3. 両手で両肩の部分を持つ。
4. 全体が見えるように目線まで上へ持ち上げる。
5. 裏返しになっていないか見る。
6. タグなどの目印を、上になるように向ける。
7. 平たんなところにTシャツを置く。
8. シャツの前後が合っているのかを見る。
9. 両手でシャツの裾の左右両端を持つ。
10. シャツを頭まで持ち上げる。
11. シャツの裾の両端を、頭が入るように丸く広げる。
12. くぐるように、両手で頭に入れる。
13. シャツを引き下げ、一番大きな穴から頭を出す。
14. 右腕の腕をTシャツの下から入れる。
15. 右腕の腕を袖に通す。
16. 右腕を手が出るまで完全に伸ばす。
17. 左腕をTシャツの下から入れる。
18. 左腕をもう一方の袖に通す。
19. 左腕を手が出るまで完全に伸ばす。
20. 両手でシャツの裾の両端をつかむ。
21. 胴が隠れるように、シャツを下へ引きのばす。
22. Tシャツから手を離す。

おわりに

旧版の『教える技術』はおかげさまでシリーズ40万部を売り上げるベストセラーとなりました。

刊行されてしばらくの時間が経ちましたが、その間、ビジネスの世界は大きな変化がいくつもありました。

働き方改革による「残業時間の制限」をはじめ、「コンプライアンス、ハラスメントの類いには細心の注意を払う」といった変化。

また、新型コロナウイルスの流行によって、一気に普及したリモートワークで、職場での直接のコミュニケーションの機会は激減しました。

国内のマーケットはどんどん縮小していて、さまざまな分野でビジネスの継続が難しくなってもいます。

さらには、あらゆる業種で企業の死活問題となっている人手不足問題。

働き手の価値観も多様化し、「ずっと同じ会社で同じ仕事をしていこう」と考える人は、今、極めて少なくなっています。

毎日遅くまで仕事に追われる上司を見て、若手社員は「あんな働き方はとてもできない」「マネジャーになってもいいことはなさそうだ。出世なんてしないに越したことはない」と思い、「管理職は罰ゲーム」とまで言う人もいるほどです。

「これまでのやり方、これまでの考え方、これまでの常識」があっという間に通用しなくなるというスピード時代を、私たちは生きているのです。

とはいえ、どんなに時代が変わっても、リーダー、マネジャーが取り組まなければならない重要な仕事は、決してなくなりません。

それは「人材育成」。

働き手に仕事のやり方を教え、望ましい成果を上げてもらう。

この作業は、どんな時代、どんな社会環境になったとしても、変わるものではありません。

そこで必要とされるのが、「いつ、誰が、どこで」やっても同じ結果が得られる、という普遍的なマネジメントなのです。

そのマネジメントの基本概念となるのが、本書で紹介している「教える技術」のさまざまな手法です。

旧版の「おわりに」に、私はこう記しました。

「これからのリーダーたちにとって、『教える技術』はますます重要なものになっていくでしょう」と。

その重要度は今、さらに増しました。

厳しい言い方になりますが、稀少な人材をスピーディに育成する仕組みを持たない組織は、早々に淘汰されることになるでしょう。

以前も今も、私のコンサルティング先の企業やセミナー・講演会等の場で特によく聞くマネジャーの声が、「若手に仕事を任せられない」というものです。

どんどん仕事を与えて経験を積んでもらいたいのだけれど、どうしても不備が出てしまうからやり直さなければならない。ならば最初から自分でやってしまおう、と考える。

このことでマネジャーの仕事がキャパオーバーとなり、遅くまで忙しく働かなければならない。その結果、前述のように若手から「上司になんかなりたくない」と思われてしまうわけです。

こうした負の連鎖を断ち切るためにも、教えられる側、教える側双方に時間的にも精神的にも負担のかからない効率的なマネジメントが必要なのです。

「教える側はホントに大変」「マネジャーはやらなきゃならないことでいっぱい」と、悲観される方もいらっしゃるかもしれません。

でも、大丈夫です。

「教える技術」を知ったあなたは、人材育成がもっと楽になるはずです。

そして、教えられる側は、行動の望ましい結果に背中を押され、自ら成長をほっして動く自立型の人材になることでしょう。

ぜひあなたに覚えておいてほしいことがあります。

それは「人材育成は〝教える側〟にとって、とても喜びに満ちた仕事」だということ。これはビジネスの世界に限った話ではありません。

教育、子育て、スポーツ……あらゆるジャンル、すべての「教える側」が、どんな時代であろうと味わえる喜びです。

自分が関わった人が成長し、生き生きと働く。

それは自分自身が成果を上げること以上に喜べて、やりがいを感じることでもあります。また私自身が何度も経験していることでもあり、『教える技術』シリーズの多くの読者の方々も、自らの実践で感じられていることかと思います。

実際に読者の方から「『教える技術』を参考にしたら、部下が自分からどんどん動くようになってくれたんですよ」なんて声をいただくことがあります。著者として、この上なく嬉しいことです。

人材育成の喜びを、ぜひあなたも体感してください！

それから、**教える技術59**としてあなたにお伝えしたいことがあります。時代は大きなスピードで動いていると話してきました。教える側のあなたも、どこへ行っても通用するポータブルスキルが必要になるでしょう。そのため、新たな知識やスキルを学び直す「リスキリング」が重要になります。人生100年時代、いつまでも働き続けるために。

学び方のコツは、もうあなた自身おわかりかと思います。本書でお伝えしてきた「教える技術」を、自分自身に向けること。

- 学び取る内容を「知識」と「技術」に分ける
- （自分が）とるべき行動を具体的な言葉で表現する
- 目標も具体的な行動に置き換える
- スモールゴールを設定し、一つひとつを着実にクリアしていく
- 行動を「強化」する（自分への）ごほうびを用意する
- やらないことリストをつくる（劣後順位）

これらをはじめとする技術を自分自身の目標達成に使うことが、行動科学マネジメントにおけるセルフマネジメントです。

「教える技術」を身につけたあなたなら、自分の行動のコントロールも容易にできるはず。ぜひあなた自身の「学び」のために「教える技術」を活用してください。

最後になりますが、新たな『教える技術』を企画してくださった、かんき出版の皆さんはじめ、ライターの中西謡さん、木村美幸さん、かんき出版編集部の谷内志保さん本当にありがとうございました。

そして、旧版の『教える技術』を愛読しているマネジャーの皆さん、また部下や後輩の成長を願って、新たにこの本を手に取ってくださった読者の皆さんに深く感謝いたします。

行動科学マネジメント研究所所長　石田淳

参考文献

『クリエイティブ・トレーニング・ハンドブック』ロバート・パイク著、中村 文子監訳、藤原 るみ訳／日本能率協会マネジメントセンター

『行動分析学入門』杉山 尚子、島宗理、佐藤方哉、リチャード・W・マロット、アリア・E・マロット著／産業図書

『パフォーマンス・マネジメント――問題解決のための行動分析学』島宗 理著／米田出版

『インストラクショナルデザインの原理』R・M・ガニェ、K・C・ゴラス、J・M・ケラー、W・W・ウェイジャー著、鈴木 克明、岩崎 信訳／北大路書房

【著者紹介】
石田　淳（いしだ・じゅん）
◉——社団法人行動科学マネジメント研究所所長。株式会社ウィルPMインターナショナル代表取締役社長兼CEO。米国行動分析学会（ABAI）会員。日本行動分析学会会員。社団法人組織行動セーフティマネジメント協会理事。日本の行動科学（分析）マネジメントの第一人者。
◉—NASA、ボーイングなどが導入し、アメリカのビジネス界で絶大な成果を上げる人間の行動を科学的に分析する行動分析学、行動心理学を学び、帰国後、日本人に適したものに独自の手法でアレンジをし「行動科学マネジメント」として確立させる。
◉—精神論とは一切関係なく、行動に焦点をあてた科学的で実用的なマネジメント手法は、短期間で「できない人」を「できる人」に変えると企業経営者や現場のリーダー層から絶大な支持を集める。現在は、日本全国の人材育成、組織活性化に悩む企業のコンサルティングをはじめ、セミナーや社内研修なども行い、ビジネスだけでなく教育、スポーツの現場でも活躍している。これまでに指導してきた企業は1500社以上、ビジネスパーソンはのべ４万人以上に上る。
◉—本書は、各方面から要望が多かった石田流「教え方」をまとめたもの。行動科学マネジメントと本人の実体験をもとに人材育成の基本メソッドを紹介した。
◉—主な著書に15万部を超える『マンガでよくわかる教える技術』（小社）はじめ、『無くならないミスの無くし方 成果を上げる行動変容』（日本経済新聞出版）、『仕事も部下の成長スピードも速くなる １分ミーティング』（すばる舎）など多数ある。
また、日経BP主催「課長塾」講師を10年以上務めている。

http://www.will-pm.jp/　WILL PM
@BehaviorMgt　マネジメント研究部
@Behavior_Safety　安全まるっと相談室

【新版《しんぱん》】行動科学《こうどうかがく》を使《つか》ってできる人《ひと》が育《そだ》つ！　教《おし》える技術《ぎじゅつ》

2025年３月17日　　第１刷発行
2025年５月14日　　第２刷発行

著　者——石田　淳
発行者——齊藤　龍男
発行所——株式会社かんき出版
東京都千代田区麴町4-1-4 西脇ビル　〒102-0083
電話　営業部：03(3262)8011㈹　編集部：03(3262)8012㈹
FAX　03(3234)4421　振替　00100-2-62304
https://kanki-pub.co.jp/

印刷所——ベクトル印刷株式会社

　ISBN978-4-7612-7798-7 C0034